Carlos Tuya

DEMOCRACIA AMPLIADA

©Carlos Tuya, 2015
©Carlos Delgado S. L. C/ Pez Volador, 34.
28007 Madrid. España
3ª Edición- 20016.
Portada: ©Carlos Delgado
ISBN-13: 978-1507649664
ISBN-10: 1507649665

Carlos Tuya

DEMOCRACIA AMPLIADA

La trasformación social en los países desarrollados

INTRODUCCIÓN

Hace treinta y cinco años, cuando la batalla política en España se centraba en la salida a la dictadura franquista, escribí un pequeño ensayo sobre el Estado y la Democracia como contribución teórica a esa lucha política. Indudablemente, la salida de una dictadura pone siempre en primer plano la cuestión de la democracia, sin que haya lugar a mayores matices. La democracia parlamentaria, de corte liberal, aunque supusiera aceptar el libre mercado y el sistema económico capitalista, estaba fuera de discusión. Lo primero era alcanzar la libertad política, conseguir la legalización de los partidos políticos, tener unas elecciones sin trabas, y dotarse de una Constitución lo más avanzada posible. Con esos presupuestos, la cuestión *estratégica* de quién, o quiénes, dirigían políticamente -el espinoso tema de la *hegemonía*- el cambio democrático quedaba parcialmente oscurecida por cuestiones tácticas, de *coyuntura*. Una parte -la más lúcida- de los políticos que habían dirigido el país durante la fase final de la dictadura, y las clases sociales sobre las que se había sustentado el sistema franquista, fundamentalmente la alta burguesía empresarial y funcionarial, estaban interesadas en una transición ordenada que no pusiera en peligro el sistema económico capitalista, y permitiera seguir ejerciendo su control bajo nuevas formas democráticas. Las clases trabajadoras, por su parte, pugnaban por algo más que un cambio de fachada. Cierta confluencia de intereses entre unos y otros, junto a la correlación de fuerzas condicionada por el papel del ejército, propició un acuerdo entre los dirigentes de uno y otro bando. Así, la lucha popular por el *cambio* se trucó en *reforma*, y culminó en los acuerdos políticos para la *Transición*. Todo esto es ya historia. Solo quiero resaltar que la *metamorfosis* controlada de la dictadura franquista en una democracia parlamentaria liberal supuso para las clases trabajadoras la pérdida de una gran oportunidad histórica de trasformación socioeconómica del sistema social que cambiara las relaciones de poder, y posibilitara avanzar hacia una sociedad más justa e igualitaria.

Desde entonces han ocurrido muchas cosas en nuestro país, y en el mundo, que hacen necesario una reformulación de las ideas contenidas en aquel trabajo teórico. Por ejemplo, el influjo del llamado *campo socialista* ha dejado de existir tras su estrepitoso derrumbe. Y, más importante, su nefasto *recuerdo* como alternativa *real* al capitalismo, ejerce una influencia negativa sobre cualquier propuesta de transformación social, que los enemigos del socialismo utilizan con bastante eficacia. Desde entonces, nada en la teoría política revolucionaria puede ser igual. La catástrofe ha sido de tal magnitud que nos obliga a revisar todo el andamiaje teórico del marxismo, incluso para los que, ya en su día, señalaron las deficiencias del modelo y su previsible derrumbe. Ya no valen los recursos fáciles y justificatorios. De nada sirve echar la culpa a fallos *ajenos* al sistema, como la degeneración burocrática. Que esos fallos se reprodujeran -y se siguen reproduciendo en lo pocos países que se continuan reclamando del *socialismo real*, como China, Cuba, Corea del Norte, Vietnam- evidencian errores básicos en la teoría y práctica revolucionaria a la hora de postular y construir una nueva sociedad socialista avanzada. Esos fallos, además de las circunstancias históricas concretas que los propiciaron, tienen que ver con la concepción y uso de la democracia, instrumento político fundamental del quehacer político e instancia legitimadora, participativa, y controladora de la trasformación socioeconómica. La democracia es la piedra angular de toda propuesta política liberalizadora.

Por lo que se refiere a nuestro país, la grave crisis *sistémica* (política, económica y social) de los últimos años, y los movimientos sociales generados como consecuencia de ella, han puesto de nuevo sobre el mesa la cuestión básica del poder político y su plasmación democrática. Resolver estas cuestiones es necesario para construir una sociedad nueva que permita avanzar realmente en la igualdad, la solidaridad, la plenitud de derechos, así como el establecimiento de una economía *reglada* al servicio de los ciudadanos, y bajo su control democrático.

Marx teorizó que el capitalismo, en su desarrollo histórico, creaba las condiciones objetivas para la revolución proletaria como un avance y superación de las limitaciones intrínsecas de la revolución burguesa. La supuso internacional, y luchó para que ocurriera mediante el liderazgo *político* de los obreros de los países más industrializados. Sin embargo, las revoluciones de inspiración marxista-leninista ocurrieron en países semiindustriales, cuando no mayoritariamente agrarios, y enmarcadas en dos terribles guerras mundiales. El resultado fue que su principal tarea consistió en sacar a los países del subdesarrollo, acabar con los restos feudales y de servidumbre tanto en las relaciones sociales como productivas en el campo, resolver la cuestión vital de la paz, etc. Todo en un entorno hostil, cuando no directamente beligerante, contra la clase trabajadora. Los países occidentales, donde el desarrollo de las fuerzas productivas era mayor, y la clase obrera mayoritaria, permanecieron ajenos a la revolución, pese a que las distintas crisis económicas evidenciaron el corsé que representaban las relaciones capitalistas de producción. El *voluntarismo* revolucionario demostró así su inoperancia, con resultados muchas veces dramáticos. Pero el ansia de una sociedad más justa e igualitaria, a salvo de las periódicas crisis del capitalismo, ya era imparable. La respuesta en la Europa enfrentada a la URSS y los países del Pacto de Varsovia, fue un nuevo pacto social, el *estado de bienestar*, que es precisamente lo que la actual crisis está poniendo en cuestión. Y con ella, las formas de dominación del sistema capitalista, tanto políticas como económicas. De nuevo se abre una *ventana de oportunidad* para los procesos revolucionarios en los países desarrollados. Con la diferencia de que el impresionante crecimiento de las fuerzas productivas experimentado en los últimos lustros, impulsadas por la Revolución Digital y el avance científico-técnico, permite plantearse profundas y radicales trasformaciones democráticas, económicas y sociales nunca vistas hasta ahora. Todo en un mundo *globalizado* y sensibilizado en la defensa de los *Derechos Humanos*, donde las agresiones a los países que opten por construir un nuevo modelo de sociedad socialista no serían fácilmente toleradas. Por todo ello, el socialismo de nuevo cuño vuelve a ser un objetivo posible y alcanzable.

Con éste pequeño trabajo teórico -que incluye una propuesta programática- pretendo contribuir al necesario debate político e ideológico que todo proyecto de trasformación revolucionaria de la sociedad necesita para tener éxito. Porque, en definitiva, la historia la hacen los seres humanos, que piensan y actúan, actúan y piensan. Aunque siempre en el marco de las condiciones materiales (económicas, políticas y culturales) en las que viven y en las que se desenvuelve su acción trasformadora.

Madrid, diciembre de 2014

1. CRISIS DE LEGITIMIDAD Y CRISIS DE SISTEMA

La gravedad, profundidad, extensión y naturaleza de la actual crisis, en tantas cosas similar, y en ciertos aspectos más profunda que la Gran Depresión de los años 30 del pasado siglo, pone en cuestión algunos aspectos de la acción política -y por ende de la trasformación social- poco tratados o desarrollados. Es cierto que los estragos sociales que causa deben ser la preocupación más inmediata, la exigencia de acción más perentoria. Pero no debe hacernos olvidar el necesario análisis de su naturaleza, y de las cuestiones que pone al descubierto. Sobre todo si queremos dar respuesta a la hora de plantear su posible salida desde la perspectiva del avance social y la trasformación económica. No hacerlo está llevando a ciertos partidos de izquierdas hacia la confrontación programática y organizativa, o la lucha personalista por el liderazgo. Mientras, los movimientos sociales auto-organizados que expresan y encauzan el descontento parecen tener como perspectiva política el apoyo a nuevas formaciones como Podemos que, paradójicamente, orienta su proyecto de cambio en línea con las propuestas de la socialdemocracia clásica, de tipo escandinavo, en clara y dura competencia electoral con el PSOE. Ellos proclaman que van realizar lo que los socialistas han sido capaces de hacer.

1.1. PODEMOS, Y LA SINRAZÓN POPULISTA

La fulgurante aparición de Podemos ha puesto en evidencia un hecho que estaba a la vista de todos los que quisieran ver: una parte mayoritaria de la ciudadanía, sacudida por la crisis económica y la corrupción sistémica, se había divorciado de sus tradicionales representantes políticos. La crisis del 2008, con sus terribles secuelas de paro, pobreza, exclusión social, etc. agravada por la corrupción sistémica, ha trastocado la percepción por la ciudadanía de las formas tradicionales de actuación política. Podemos nace tanto como reflejo del desafecto político, como del rechazo al *régimen del 78.* Y lo hace desde planteamientos populistas, que los mismos dirigentes reconocen, o al menos no rechazan. Populismo *bueno,* sin el habitual sentido peyorativo del término, inspirado en las teorías de Ernesto Laclau (*La razón populista*) y Chantal Mouffe (*Hegemonía y estrategia socialista*) Nos enfrentamos pues a un fenómeno novedoso cuya incidencia en la configuración política española no se puede ignorar o menospreciar. El joven equipo dirigente de Podemos supo captarlo y traducir su análisis en una propuesta de reconstrucción de esos vínculos rotos sobre nuevas bases. En este caso, siguiendo, de una manera más o menos estricta, las teorizaciones sobre el populismo de Ernesto Laclau. Es decir, una propuesta que busca aglutinar la protesta y el rechazo bajo unos *significantes* (*flotantes* o *vacíos*) genéricos, asumibles por todos, opuestos o distintos de los términos habituales del discurso político oficial de los partidos tradicionales. Hasta aquí, pocas diferencias con otros movimientos de carácter transversal nacidos en Europa, como el 5 *Stelle* de Beppe Grillo, creador del término *casta*. Por todo ello, el éxito *in crescendo* de Podemos estaba cantado. Y sus consecuencias en el seno de la izquierda también. Era lógico que, en mayor o menor medida, el desconcierto se apoderara de los partidos tradicionales que veían en Podemos un peligro, bien para su existencia, como ocurre con Izquierda Unida, bien para mantener su electorado. De ahí que la mayoría de los partidos han tratado de imitar los exitosos aspectos formales del fenómeno, como el uso de las tecnologías digitales y las redes sociales de Internet; o adoptando alguna de sus propuestas más movilizadoras, como la lucha contra la corrupción. Y hemos visto como se fraguaba una lucha frontal contra Podemos y su *patada al tablero* electoral. En Izquierda Unida el desconcierto ha sido mayor porque Podemos es percibido como una opción de izquierdas con la que hay que confluir, aunque Podemos no se defina políticamente como tal, sino que busque la *centralidad*. Lo ilusorio de dicha política se hizo patente en cuanto se plantearon las primeras confrontaciones electorales, o se buscaron plataformas unitarias.

Sin negar su impacto político, parece que la alternativa no está a la altura de las movilizaciones, esperanzas y desafíos que la actual crisis ha planteado a la sociedad. Si la crítica teórica a los postulados populistas basados en la teoría de Laclau[1] no han servido de mucho, como suele ocurrir en toda polémica doctrinaria, los hechos, tan tozudos como clarificadores, deberían servir a modo de despertador para que los dirigentes de Podemos despierten de sus ensoñaciones populistas. El espejismo del fenómeno Podemos y sus estimaciones directas de voto ha podido mantenerse mientras aparecía como única propuesta de cambio debido a la inoperancia de Izquierda Unida, el desprestigio del bipartidismo, y lo testimonial de UPyD. Si nos atenemos a la primera experiencia electoral en Andalucía, y las posteriores autonómicas y municipales, donde las fuerzas en pugna están bastante diferenciadas, venos como la configuración política se van agrupando en los cuatro polos referenciales de PP, Ciudadanos, PSOE y Podemos, con la presencia de Izquierda Unida muy reducida pero no desaparecida. Los electores terminan poniendo a cada uno en su sitio. Y, por mucho que se pretendan más allá del bien y del mal (izquierda-derecha) la realidad es que el electorado ubica a Podemos, como una opción de izquierdas, eso sí, confusa y difusa. Su atractivo, gracias a su calculada ambigüedad, aunque cada vez más "centrada", se desvanece cuando Ciudadanos actúa como un polo de atracción de una parte del descontento de centro-derecha.

No discuto que, en lo personal, los dirigentes de Podemos sean de izquierdas, o mejor dicho, pretendan ser de izquierdas. Pero su planteamiento no lo es, algo que se encargan a menudo de recordar, aunque sea por su insistente negación de la dicotomía derecha-izquierda. Como saben -al fin y al cabo son profesores de políticas en la universidad- que actualmente en España (y en el conjunto de Europa) la mayoría social se ubica, a lo sumo, en el centro izquierda, y que esa mayoría ni siquiera es suficiente para un cambio de sistema social, se acogen a la teoría del populismo elaborada por Ernesto Laclau para construir su alternativa mediante un discurso *performativo* (que no se limita a describir un hecho sino que la misma acción de expresarlo lo realiza[2]) capaz de abarcar a todos los afectados por la crisis: indignados, decepcionados, incluso disgustados, creando un nuevo sujeto político. De ahí que su planteamiento sea de *todo o nada*, de mayorías absolutas que garanticen su acceso al gobierno. Y en ese proyecto no cabe Izquierda Unida, precisamente por ser claramente de izquierdas. Y encima parte del *régimen* del 78. De Izquierda Unida solo quieren, y necesitan, sus cuadros y organizaciones convenientemente disueltas. Aquí quien se engaña es porque quiere. Naturalmente, Izquierda Unida puede apostar también por el modelo populista de Laclau (con toques de Lacan, y una mala interpelación de Gramsci y su concepto de hegemonía) en cuyo caso lo mejor es apoyar a Podemos con todas sus consecuencias. Consecuencias que significan la disolución de Izquierda Unida y de cualquier otra alternativa de izquierdas en nuestro país. En pocas palabras, el triunfo de Podemos significa la desaparición de Izquierda Unida o su transformación en un partido residual, como ya ha empezado apuntarse en Andalucía, precisamente uno de los bastiones de Izquierda Unida.

Podemos es, en el mejor de los casos, un epifenómeno, obligado tras las elecciones a optar por una configuración de partido *normal*, aunque sea con métodos participativos avanzados, dotado de una ideología populista y propuesta concretas reformistas en línea con las socialdemocracias de los países nórdicos, que ha conseguido dar cauce político a la indignación, sacando de la abstención crónica a colectivos marginados o desengañados. No está mal y puede rendir frutos progresistas. Pero en las sociedades complejas, de intereses cruzados, la transversalidad dura poco: lo que tarda en tener que dar soluciones concretas a *problemas inversos no lineales*[3]. Es decir, hasta que se empieza a hacer política práctica. La hegemonía, necesaria para conquistar el poder político, no consiste en diluir los diferentes intereses de clase y grupo en un planteamiento ge-

17

neral vago (*vacío*) sino en ganar a la mayoría de la población, para una salida política concreta, el socialismo, porque encarna la superación del capitalismo, sus crisis cíclicas y su desigualdad crónica. Para construir la hegemonía es necesario plantear, sin disfraces tácticos, un modelo de sociedad socialista para nuestro tiempo y lugar.

Despierto del sueño de "*asaltar los cielos*", o lo que es lo mismo, conseguir una amplia mayoría absoluta en las elecciones generales, conviene poner los pies en la tierra, reconocer y reconocerse como lo que Podemos es para la ciudadanía, e impulsar un movimiento unitario, sin sectarismos, que conforme un nuevo Bloque de Izquierdas, con imaginación, sin dogmatismo, con una valoración operativa y no solo utilitaria de los movimientos sociales. Un precedente pueden ser plataformas electorales como *Ahora Madri*d, o *Barcelona en Comú*. Es evidente que en España, como en todo país desarrollado, o de *capitalismo tardío* si se quiere, inmerso, con mayor o menor intensidad, en el proceso de la mayor trasformación del sistema productivo de la historia, la Revolución Digital, la izquierda solo logrará la tan cacareada hegemonía, necesaria para conquistar democráticamente el gobierno, cambiar el sistema de poder y trasformar la base económica en sentido socialista, con propuestas acordes con las exigencias de nuestro tiempo. Una izquierda que, sin complejos, proponga la salida socialista a los problemas generados por el capitalismo financiero y la utilización del Estado como aparato de dominación. Propuesta que no significa, bien al contario, que el socialismo sea una realidad que emana por si sola del sistema capitalista, sino un horizonte estratégico hacia el que orientar la acción política dentro de las conquistas irrenunciables de la Democracia (ampliada) y el Estado de Derecho y del Bienestar. Porque de nada le sirven a un navegante los vientos favorables si no se sabe donde ir.

1.2. LA QUIEBRA DE LAS BASES LEGITIMADORAS DEL SISTEMA CAPITALISTA

Una de las características fundamentales de la actual crisis, como ocurrió en la de 1929, es que evidencia la quiebra de las bases legitimadoras del sistema capitalista, tanto política como social y económicamente. En efecto, el capitalismo, que ha demostrado ser un sistema económico notablemente eficaz en la creación de riqueza, al estar basado en el principio motor de la iniciativa privada y la máxima la obtención de beneficio, muestra en la crisis, con el carácter destructor de riqueza y bienestar social, sus intrínsecas limitaciones funcionales. Su funcionamiento y desarrollo exige el libre mercado como mecanismo esencial de intercambio, distribución y concurrencia competitiva. El libre mercado es una de las bases sobre las que se asienta el sistema económico capitalista, junto al de la propiedad privada de los medios de producción. No es de extrañar que se haya *divinizado* su funcionamiento, hasta el extremo de convertir al mercado en una especie de demiurgo capaz de resolver todos los problemas económicos y sociales. A mayor libertad de mercado y, por lo tanto, menor intervención estatal, mayor eficacia económica, pregonan los neoliberales. Pero la capacidad ordenadora y autoreguladora de la economía que se le presume al mercado es, sin embargo, imperfecta y limitada, y sus disfunciones la causa de graves perturbaciones que se manifiestan en las sucesivas crisis económicas, con su secuela de paro[4], pobreza, y graves injusticias en la apropiación y distribución de la riqueza generada. Todo esto es bien sabido, y los propios neoliberales no dudan en recurrir a la ayuda del Estado cuando hace falta para compensar los fallos del mercado. Ahora bien, cundo el mercado capitalista no sólo muestra sus imperfecciones, sino que aparece como un grave obstáculo para la solución de los problemas que el propio mercado genera, el capitalismo pierde legitimidad. Tanto más si las consecuencias de la crisis se hacen insoportables para la mayoría de la sociedad. En el pasado, los efectos derivados de la crisis, provocaron grandes movilizaciones y luchas obreras, que permitieron la conquista de nuevos derechos sociales, políticos y económicos. Derechos y conquistas que la actual crisis está reduciendo a cenizas. Por no hablar de procesos revolucionarios.

Centrándonos en nuestro país y su entorno europeo desarrollado, las luchas obreras y los conflictos sociales han hecho que el libre mercado capitalista haya estado sometido a continuas regularizaciones correctoras para paliar, en lo posible, sus disfunciones (y manipulaciones de la libre concurrencia con prácticas monopolistas, acuerdos para alterar los precios y reducir la competencia, etc.) a fin de evitar los peligrosos efectos desestabilizadores sobre la cohesión social. Esta ha sido la tarea fundamental de la socialdemocracia, cuyo mayor logro, iy no es pocoi, es el llamado *estado de bienestar*. En el fondo, un gran pacto entre empresa y trabajadores por el cual, tras la Segunda Guerra Mundial, y vistos los riesgos de contagio revolucionario, se garantizó la economía capitalista y el libre mercado a cambio de que el Estado garantizara a su vez cierta distribución de la riqueza, tanto mediante la fiscalidad progresiva como en el aumento salarial pactado y las políticas de igualdad, fundamentalmente enseñanza, sanidad y servicios sociales gratuitos. Este nuevo *contrato social* creó una nueva legitimidad, al tiempo que reforzaba la legitimidad capitalista originaria al posibilitar un crecimiento económico sin parangón, con la aparición de una amplia *clase media* formada por trabajadores, autónomos, profesiones liberales, técnicos cualificados, empleados del sector servicios, funcionarios, etc. Base social mayoritaria que se ha convertido en el campo de disputa entre izquierda y derecha para acceder electoralmente al gobierno. El marco político adecuado no podía ser otro que la democracia representativa y el Estado de Derecho. La actual crisis económica, y las medidas adoptadas para atajarla, está destruyendo esta capa social (paro, exclusión social, precariedad laboral, etc.) y desmantelando el *estado de bienestar*, poniendo así en cuestión este pilar de la legitimidad capitalista, y por ende el papel del mercado y la propiedad de los medios de producción.

Antes de analizar con más detenimiento la actual crisis económica, conviene recordar algunas cuestiones teóricas sobre el mercado desde una perspectiva evolucionista.

1.3. EGOÍSMO COOPERATIVO

La evolución es un hecho sólidamente probado que se explica científicamente mediante un modelo (teoría) llamado darvinismo. Teoría que en sus distintas manifestaciones, sobre todo la que tiene en cuenta los avances de la genética, tratan de dar explicación cabal, aunque siempre limitada, de la evolución no solo desde el punta de vista biológico sino social. Este modelo explica la evolución por la *Selección Natural*, un mecanismo por el que los más capacitados sobreviven en un ecosistema determinado y variable. En el caso biológico, son los que tienen mayores oportunidades de trasmitir su genoma, Es decir, la evolución puede considerares como la forma en que los seres vivos trasmiten sus genes primando los que les capacitan mejor para sobrevivir. De ahí el carácter *egoísta* de la evolución. El interés del gen, o mejor el genoma, es trasmitirse y sobrevivir en un nuevo individuo. Pero ese carácter *egoísta* del gen, por seguir la desafortunada definición de Richard Dawkins, que le ha obligado a numerosas explicaciones y aclaraciones, se modula de distinta forma según el organismo y la especie. Así, junto al *egoísmo* innato y básico existe el *altruismo* (*egoísmo altruista*, según el citado Dawkins), que explica ciertos comportamientos como el del pájaro que comienza a cantar y revolotear cuando se acerca un depredador para avisar a la bandada, exponiendo su vida. Esa misma modulación *altruista* esta en la base de la defensa que el macho Alfa hace de su harén ante la intromisión de un rival o un depredador en vez de salir huyendo en este último caso. Una forma de modulación del *egoísmo* en especies organizadas socialmente es la *cooperación*, como garantía de supervivencia. En estos casos, el individuo, que es el portador del genoma, se integra en el grupo hasta formar una unidad cooperativa, como ocurre con ciertos insectos. Existe otras formas de cooperación más utilitarias, como la de los reagrupamientos para la caza, etc. No se trata aquí de desarrollar este aspecto del evolucionismo, por otra parte suficientemente estudiado. Pero si, alertar de la tentación del *sociobiologismo* que trata de explicar los comportamientos humanos de acuerdo a los estudios del comportamiento animal, sin tener en cuenta que en los humanos existe un factor poderosísimo de modulación de los instintos genéticamente determinados que es la *cultura*. La raíz de este enfoque reduccionista se basa, como en tantos campos, en no tener en cuenta las *propiedades emergentes* de los sistemas complejos. Baste señalar que el *homo sapiens* es, desde sus primeros estadios evolutivos, un animal sociocultural y, en cuanto tal, posee un poderosa modulación cooperativa del egoísmo individual que se manifiesta en actitudes altruistas de cooperación. Esa dimensión social tiene, sin duda, una base genética (como en otras muchas especies animales) pero solo en los humanos interviene la dimensión *cultural*, que no sólo modula los instintos sino que los puede llegar a anular, incluso el más poderoso, el instinto de supervivencia. En las sociedades humanas también actúa la evolución, aunque no a nivel biológico ni del individuo (aunque los incluye), sino del sistema social que busca perpetuarse. Un sistema social desaparece, como ocurrió con el feudalismo y el socialismo *real*, cuando no puede sobrevivir a la competencia con otros sistemas antagónicos, o superar sus contradicciones internas. De ahí que los países que se siguen definiendo *socialistas* hayan tenido que introducir mecanismos correctores económicos más o menos radicales, desde el caso extremo de China hasta el más moderado de Cuba y que, finalmente, deberán tener su reflejo en el campo institucional y político.

El proceso evolutivo de las sociedades humanas hace que los mecanismos psicobiológicos de *gratificación* (recompensa) y *dolor* (castigo) se manifiesten en el terreno cooperativo como formas de recompensa y castigo sociales, y hayan dado lugar, para su regulación y eficacia, a formas incipientes de Estado (que también cubriría otras actividades de acuerdo a las necesidades del desarrollo productivo) Es decir, el Estado es el instrumento mediante el cual se premia y castiga los actos individuales (y colectivos) de acuerdo a la necesidad de perseverar los mecanismos (que no se trasmiten genéticamente) de cooperación necesarios en cada momento evolutivo para la existencia de la sociedad y, en esencia, el sistema productivo y su ideología asociada. Profundizaré en la cuestión del Estado más adelante. Sirva esta pequeña introducción para analizar el papel del mercado y de los humanos en la actividad económica capitalista, tal como lo ven los teóricos de la economía clásica (ortodoxa) y sus epígonos neoliberales, con lo que tratan de justificar la inevitabilidad (y necesidad como mecanismo corrector) de las crisis periódicas y sus lamentables consecuencias. Fatalismo que se deriva de una visión rígidamente determinista de la economía. Para estos teóricos con el capitalismo ha llegado el final de la historia económica y de la democracia representativa como su forma política genuina, la menos mala de las formas de gobierno. Olvidan, sin embargo, como enseña el evolucionismo social, que el capitalismo es una etapa del desarrollo de la sociedad humana, y que sus contradicciones internas de hoy anuncian los cambios de mañana hacia un futuro donde se superen sus limitaciones, y las dramáticas consecuencias que para la mayoría de la sociedad acarrean cuando se manifiestan en forma de crisis cíclicas.

Por eso no sorprende que la actual crisis económica, iniciada en septiembre de 2008, haya cogido por sorpresa a los más preclaros economistas ortodoxos (culpables, por otra parte, de preconizar e impulsar las irresponsables políticas desreguladoras, acabando con los controles que impedían al mercado actuar por *libre* y especulativamente) Luego vinieron los hipócritas golpes de pecho del G20, con la peregrina idea de Sarkozy de *"refundar el capitalismo"*, añadiendo que: *"La crisis financiera por la que pasamos no es la crisis del capitalismo, es la crisis de un sistema que se ha alejado de los valores del capitalismo, que en cierto modo los ha traicionado"*, añadiendo con el desparpajo y cinismo que le caracteriza: *"La autorregulación para resolver todos los problemas, se acabó; le laissez faire, c'est fini"*. Pero el *laissez faire* es la base del capitalismo, su fundamento. Se basa en dos dogmas de fe:

1.- **El supremo fin de la actividad económica es la obtención del beneficio privado.**

2.- **Para optimizar el beneficio es necesario que exista el mercado libre y autoregulable**. Es el *principio de ordenación predominante* en las tareas de producción y distribución. La acción de la oferta y la demanda, sin trabas, permite que, con el tiempo, se regule a sí mismo y alcance el equilibrio, por lo que toda intervención exterior siempre acabará perjudicándolo.

Estos dogmas de fe se sustentan en una ideología que tiene como premisas básicas las siguientes afirmaciones:

A.- Los seres humanos son **esencialmente egoístas**, buscan por todos los medios satisfacer sus necesidades y complacer sus deseos, poniendo en segundo lugar (o en ninguno, en los casos de egoísmo extremo) el bienestar del resto de la sociedad.

B.- Los seres humanos son **económicamente racionales**, capaces de discernir lo qué les resulta de provecho y actuar para conseguirlo.

C.- La acción económica busca el **máximo benéfico** con el mínimo coste posible. A la consecución de este objetivo se subordina el resto.

D.- En consecuencia, **la propiedad privada no tiene** (o debe tener) **límites**, y debe ser protegida.

E.- **El mercado debe ser libre, autosuficiente, y autorregulado**.

F.- El **orden social más deseable y justo es el que dispone del mercado más libre** y puede crecer sin límites.

G.- Es responsabilidad del Estado **proteger los intereses de la propiedad privada, subordinando lo publico a lo privado**.

En resumen: **Egoísmo, Propiedad Privada y Mercado Libre** conforman la Santísima Trinidad del Capitalismo y su concepción ideológica del ser humano y la sociedad.

Fue Adam Smith, filósofo moralista antes que economista, en su tratado *La riqueza de las naciones* (1776), quien formuló dichas hipótesis con mayor rigor, bajo el presupuesto de que la sociedad la formaban seres humanos libres, iguales y solidarios. Ni que decir tiene que en su época, y durante muchos años, no existía otra forma de funcionamiento económico más eficaz, aunque el mismo Adam Smith era consciente de que su formulación teórica enunciaba un ideal bien lejos de la realidad, donde las practicas monopolistas, los acuerdos entre empresarios, los intereses espurios, la especulación, etc. convertían el libre mercado en una jungla darwinista donde la supervivencia no dependía solo de la calidad de la oferta y la eficiencia económica. La famosa *mano invisible* del mercado, que garantizaba su autorregulación y eficacia, era un desiderátum teórico, bien alejado de la práctica. No estaría nada mal recordar que otro gran teórico de la sociedad democrática capitalista, Alexis de Tocqueville, expresó claramente sus temores acerca del futuro de la democracia en Estados Unidos si prevalecía el egoísmo, tanto más peligrosos si estaba asociado a la obsesión conservadora por la ley y el orden. Lo cierto es que, pese a la opinión de neoliberales y los partidarios del mercado capitalista, la *libre* competencia ha demostrado suficientemente tanto su incapacidad congénita para el crecimiento económico continuo y armonioso, como para garantizar la cohesión social, el bienestar generalizado, y el pleno ejercicio de la democracia.

En realidad, a la hora de hablar de mercado es necesario distinguir su diversidad de componentes y manifestaciones (de valores, mayorista, minorista, de materias primas, etc.) Concebirlo como una estructura *reticulada* parece lo más apropiado, porque permite distinguir opciones de conjunciones (productos) En un escenario ideal de competencia perfecta, el modelo del mecanismo de mercado lleva a una solución óptima de las tareas de producción, distribución y consumo. Pero el propio mecanismo de la producción capitalista, con su tendencia a la concentración de la riqueza, junto el control de la competencia para optimizar los beneficios, hace que la situación óptima se transforme en prácticas monopolistas y oligopolistas, que son las que predominan en la realidad. Esto crea las condiciones de desequilibrio permanente, de distribución desigual y de alocación subóptima de los recursos, que se hacen más fuertes debido a la inseguridad y a la especulación. Pero no son sólo los defectos de funcionamiento del mercado los que originan estos resultados, sino que son fruto de las condiciones reales de su funcionamiento *libre,* es decir descontrolado. La desigualdad de oportunidades de las empresas, personas, grupos sociales, estados, etc., no pueden ser niveladas por el mercado. Bien al contrario, son conservadas, y/o aumentadas, como muestran los fenómenos de concentración y distribución de la propiedad, y los desniveles en el desarrollo económico. Todo esto explica que la economía de mercado *libre* solo funcione en la práctica mediante las oportunas intervenciones del Estado para regular, corregir y suplementar los desajustes inevitables del mercado. La economía capitalista de mercado dejada a su propia suerte lleva en sí el germen de la autodestrucción. Los empresarios tienden a la formación de cárteles y de monopolios para evadir la competencia que les es molesta, los grupos financieros (inversores internacionales principalmente) recurren a los movimientos especulativos para asegurar la mayor ganancia económica sin relación directa con la economía real, en los mercados de materias primas se controlan los precios artificialmente, el desarrollo técnico y de la información conduce a la formación de grandes empresas que controlan el mercado, y un largo etc.

Pero lo lamentable es que, pese a la experiencia acumulada, los dogmas de fe sobre el mercado siguen conformando el núcleo teórico de la economía y la filosofía política ortodoxas pese a los profundos cambios experimentados. Los tímidos intentos de regular el mercado, y las más serias y loables políticas encaminadas a compensar sus efectos en la sociedad y su cohesión, implantados fundamentalmente por la socialdemocracia europea tras la Segunda Guerra Mundial, están siendo destruidos por la crisis a la que se trata de dar salida aferrados a los mismos dogmas que la han provocado. De conseguirlo, sin duda saldremos de la crisis (como en ocasiones anteriores) pera a un coste social y humano grandísimo y con una gravísima desigualdad social[5] que será, sin duda, causa de una permanente inestabilidad política... a la espera de una nueva crisis. El capitalismo globalizado, y el dominio financiero mundial y sus crisis cíclicas cada vez más dramáticas, se inscribe así en la tradición del mito de Sísifo. Hasta que consigamos detener la piedra en la cima, que su culminación cono sistema productivo, e iniciemos un nuevo ciclo en el proceso evolutivo de la humanidad, basado en el sistema de producción socialista, estamos condenados a repetir periódicamente el mismo drama.

La teoría económica clásica y ortodoxa, que hoy impera en nuestro mundo desarrollado, y que está inspirando las medidas de austeridad, devaluación interna, recortes en las conquistas sociales, retroceso en los derechos laborales, para salir de la crisis, presupone la idea de que solo existen individuos, pero no sociedades. Y que el mercado es el mecanismo donde se socializan los individuos. El correlato ideológico es la tesis de que los humanos somos esencialmente egoístas. Por eso, para estos defensores del capitalismo, el mejor orden social es aquel que promueve la obtención del provecho personal, debido a que éste es un comportamiento *natural* del ser humano.

1. 4. LECCIONES DE UNA CRISIS SIN PRECEDENTES

¿Qué nos enseña la actual crisis? En primer lugar, que su naturaleza es de tal magnitud y profundidad que pone en cuestión el funcionamiento del mercado como mecanismo necesario para la creación sostenida de riqueza. Parece evidente que una de las causas que ha propiciado y potenciado la crisis actual ha sido su brutal des-

29

regulación, algo reconocido incluso por los dirigentes conservadores y el propio G20. Sin embargo, los intentos de volver a regularlo o no se han realizado o han demostrado su insuficiencia e ineficacia. Capitalismo y regulación de mercado, aunque puedan convivir durante un tiempo, se llevan mal.

Y no es de extrañar, ya que el mercado es fruto de un determinado nivel de desarrollo (científico-técnico) de la producción, donde las mercancías, su distribución y venta se autorregulan mediante ajustes, más o menos espontáneos, en la libre concurrencia. La cuestión es si la actual revolución digital, aunque todavía en sus primeras etapas, no está creando las condiciones para que oferta y demanda (en el fondo es de eso de lo que se trata) de productos sea más racional y eficaz, pueda computarse, evitando las crisis cíclicas y sus terribles secuelas. La asignación óptima de recursos dejaría de basarse en la fórmula *prueba-error*, con el consiguiente derroche de riqueza si las expectativas de mercado no se cumplen. El potencial de computación y conocimiento que permite la informática, en sus campos de inteligencia artificial, y la prodigiosa capacidad de computación futura (biológica, cuántica, etc.) van a cambiar de manera radical las posibilidades de regulación del mercado, sin que tengamos que seguir atados a su fase *darwinista*. Lo diré de una forma más clásica: las fuerzas productivas provocadas por la revolución digital y la sociedad del conocimiento necesitan otras relaciones de producción para desarrollarse y superar los efectos perversos del libre mercado tradicional. Obviamente, el proceso exige un amplio desarrollo de la *digitalización* e *informatización*. Existe un precedente, el proyecto Cybersyn desarrollado en el Chile de Salvador Allende durante los años 1972 Y 1973. Su creador, Stafford Beer (1926-2002) se incorporó al equipo económico de Allende para proporcionar información económica proveniente de todos los rincones del país andino. Todas las empresas chilenas nacionalizadas remitían sus cifras de consumo y producción por télex a un centro ubicado en Santiago. Con aquella información se pretendida ayudar al Presidente chileno a implementar su visión del cambio socialista del sistema productivo. Los creadores de Cybersyn esperaban que los miembros del Gobierno pudieran tomar decisiones rápidas basadas en datos en tiempo real y en una visión macroscópica de la actividad económica nacional. El golpe militar de Pinochet abortó una experiencia que habría facilitado, ya en época tan temprana, el control del economía y la regulación del mercado[6].

Pero lo que no consiguieron en Chile ha terminado por implementarse, aunque con las limitaciones de la empresa privada, ya están inmersas las corporaciones empresariales más avanzadas y exitosas, como es el caso de Zara, donde la capacidad de satisfacer las demandas del mercado y ajustar la producción son el resultado de una información pormenorizada de la actividad mercantil de sus terminales (tiendas) Del capitalismo desarrollado y su libre mercado darwinista se está pasando, aunque con notables resistencias, a una economía del conocimiento que permita satisfacer la demanda social de mercancías, lo que exige para su desarrollo un mercado democráticamente regulado; es decir, un mercado orientado a satisfacer el interés general y evitar las turbulencias catastróficas y dramáticas de su *libre* autorregulación. Economía en la que perduraran, sin duda, los aspectos validos y necesarios de la iniciativa y creatividad individual, pero enmarcado en el control computacional de la economía y su regulación democrática. Es tanto una cuestión ineludible de eficacia como de justicia social. Es más, debido al desarrollo económico alcanzado y el fuerte impacto sobre el ambiente, el control regulado del mercado se hace cada vez más necesario y perentorio. Al contario de los que proclaman catástrofes económicas si no se deja el mercado a su libre acción, su control regulado es necesario para el de desarrollo sostenible y progreso social. Lo que exige que sea gestionado por un organismo autónomo (bajo supervisión democrática) de personas altamente cualificadas (economistas, matemáticos, científicos sociales, sociólogos, consumidores, técnicos empresariales, etc.) que ofrezca a los agentes sociales (productores y consumidores) la información precisa sobre los flujos de mercado (oferta y demanda) a fin de que puedan ejercer su actividad sobre bases científicas. Eso evitaría, entre otras cosas, fenómenos tan destructivos y antisociales como los movimientos especulativos, las prácticas monopolistas, la manipulación de los precios, y el derroche de riqueza que significan las crisis de superproducción. Un mercado regulado se apoya en dos pilares básicos: la libre opción (productiva y consumista) y el conocimiento científico (oferta y demanda) y es condición para introducir elementos de planificación económica (que no solo no suprime sino que presupone la actividad privada) en el que los medios prácticos combinados con los medios cognoscitivos permitirán un desarrollo económico equilibrado y ajustado a las necesidades reales de la sociedad. Solo así cobra sentido la definición de *Economía Social de Mercado*.

La planificación económica tiene mala prensa, entre otras cosas porque se asocia a la economía del socialismo *real*. Aunque cierta teorización soviética hacía incompatible la planificación con el mercado, lo cierto es que en la Unión Soviética el mercado siguió existiendo, aunque negado, tanto en manifestaciones sectoriales (koljoses) como en la distribución de bienes y consumo, la conformación de precios, mercado laboral, etc. por no hablar del *mercado negro*, cuya amplitud llegó a ser monstruosa. Evidentemente, esa experiencia (y la que se practica en ciertos países socialistas con las correcciones de libre competencia capitalista de China) es de vital importancia para no cometer los mismo errores, fundamentalmente, la negación de la actividad privada en la planificación económica estatal y el funcionamiento eficaz del mercado regulado, tal como lo he descrito anteriormente. En cualquier caso, esa *demonización* de la planificación es más un planteamiento ideológico del liberalismo que una realidad. En efecto, la planificación privada existe en el sistema capitalista prácticamente desde sus inicios, como la consecuencia lógica del análisis del mercado y de la estimación de los beneficios que producirían inversiones futuras. Se generaliza cuando el nivel de desarrollo industrial obligaba a las empresas a planificar sus actividades desde el punto de vista productivo, financiero o para el crecimiento comercial. A su vez, la planificación estatal capitalista se inicia con la primera guerra mundial, en forma de *economía de guerra* y se mantiene en la posguerra. Toma nuevo impulso durante la crisis económica mundial de 1929 a 1932, y se implanta definitivamente durante la segunda guerra mundial en Gran Bretaña por la necesidad, entre otras razones, de la creación de *producto sociales* (sanidad, educación, seguridad social, pensiones, ...) La planificación supranacional se plantea en 1948, en el marco de la OEEC, y tuvo su respuesta con la creación en 1946 del COMECON, impulsado por la URSS. Desde entonces, factores de planificación son imprescindibles en la contabilidad nacional y en la macroeconomía, dada la complejidad en una economía de mercado que incluye el bienestar social, y por lo tanto, una redistribución de los ingresos, es decir, de un sistema fiscal con objetivos dirigidos a la distribución. Elaborar bases eficaces y eficientes de una política que incluya factores de distribución y bienestar social, constituye el cometido central de la planificación en una economía de mercado, a fin de proyectar un desarrollo óptimo de la sociedad y de la economía que comprenda las instituciones (seguridad social, sistema fiscal, empresas públicas y privadas, agentes sociales, etc.), así como sus mecanismos instrumentales (contribuciones, tasas impositivas, precios en los sectores público y privado, salarios, participaciones en beneficios, etc.) y su funcionamiento, necesarios para alcanzar este óptimo de eficacia y eficiencia.

Ciertamente, hay importantes y significativas diferencias entre la planificación capitalista, tanto privada como estatal y supranacional, con la practicada en el bloque socialista donde toda la actividad económica estaba estatalizada, el mercado apenas cumplía un papel significativo, y era fácilmente tergiversado por necesidades de las élites burocráticas de la economía. Las causas de su ineficiencia económica a medio y largo plazo, pese a que permitieran, en el caso de la URSS, un desarrollo industrial sin precedentes, hay que buscarlas en la ineficiencia del mercado, sometido a intereses espurios (carrera política, corrupción, clientelismo, etc.) como a la inexistencia de controles democráticos de las decisiones económicas. En la antigua Yugoslavia, que no se integró en el COMECON, el sistema de planificación contenía, junto la planificación central estatal que fijaba los objetivos principales de desarrollo económico, mecanismos de economía de mercado. Se trasfirieron gran parte de las decisiones económicas a las organizaciones obreras y directores de empresa (elegidos por los consejos de trabajadores) dentro de la política de *autogestión*, inscrita luego en la Constitución de 1963, y modificada por la ley de julio de 1965. Distintas formas y modelos de *autogestión* se han intentado en varios países, generalmente en vías de desarrollo: Argelia (1963) Perú (Plan Inca 1968-1975) Israel (kibutzim), etc. Entre los socialdemócratas, particularmente Olof Palme, se defendió la gestión y en la dirección de las empresas públicas por parte de los trabajadores; modelo de *autogestión* definido como *democracia industrial*.

En cualquier caso, la planificación económica es necesaria para asegurar, en la medida de lo posible (y la revolución digital abre el campo de posibilidades de una manera desconocida) la utilización plena de las capacidades productivas, previendo desequilibrios y oscilaciones de la coyuntura. En la economía socialista, además, orientando la actividad económica hacia el *bienestar social*.

Por otro lado, y aunque está todavía por ver su influencia en la economía, el control regulado del mercado y la planificación económica serán cada vez más necesarios en una economía donde las formas tradicionales de producción y distribución van a verse seriamente afectadas por nuevas formas de intercambio entre particulares, autoproducción de objetos (impresoras 3D), uso y no propiedad de bienes (casas, medios de transporte) pagos virtuales entre personas, etc.

De una manera un tanto simplista, lo reconozco, pero muy ilustrativa de lo que esencialmente sería una sociedad socialista es la superación del *fetichismo* de la mercancía. En el socialismo las mercancías irán perdiendo paulatinamente su valor de cambio para recuperar su valor de uso primigenio. En la sociedad socialista desarrollada no habrá poseedores sino usuarios[7], algo que ya está ocurriendo: por ejemplo, las compañía telefónicas te regalan el móvil si contratas el uso de su red. El problema del valor analizado por Marx, y sus fases M-D-M (Mercancía-Dinero-Mercancía), D-M-D (Dinero-Mercancía-Dinero) y D-D' (Dinero-Dinero plus) solo tiene sentido en el capitalismo. En este sentido, son interesantes los trabajos y propuestas contenidas en el "*Programa Económico ampliado de Transición al Socialismo del Siglo 21 en la Unión Europea*"[8], elaborado por Paul Cockshott, Allin Cottrell, Heinz Dieterich, con Paul como autor principal, así como al paradigma del Socialismo Científico-Democrático del Siglo XXI, establecido por la red internacional Scientists for a Critical Political Economy (SCPE)[9]

Resumiendo, se están creando las condiciones para que el darwinista mercado *libre*, que lo fundamenta todo en la autorregulación, sea sustituido por una regulación basada en la sociedad del conocimiento, que atienda de manera racional las exigencias de la economía y las necesidades de las personas. Lo que no excluye la competencia, sino que la orienta hacia la oferta de mayor calidad (entendida también como menor impacto ambiental, menor coste energético, etc.) evitando las manipulaciones monopolísticas. Durante un periodo de tiempo más o menos largo -que estará determinado por el propio desarrollo económico- el beneficio privado seguirá jugando un importante papel en la actividad económica, beneficiándose de un mercado libre de incertidumbres y manipulaciones, y subordinado al beneficio social que debe constituir el objetivo central de la actividad económica. Solo así el sistema económico avanzará y se legitimará, tanto por la creación de riqueza como por su justa distribución, de acuerdo a ese maravilloso programa sintetizado en la frase: *¡De cada cual, según sus capacidades; a cada cual, según sus necesidades!*

Un objetivo de trasformación socioeconómica tan ambicioso no puede basarse en ideas bienintencionadas o en utopías rayanas en la ciencia ficción, sino en el desarrollo tecnológico y científico, cuya máxima expresión actual es la revolución digital. Y conlleva una gran trasformación democrática del sistema político-institucional, hoy puesto en cuestión no solo por los que gritan *"no nos representan"*, sino por esa *mayoría silenciosa*, tan cara a Rajoy, como demuestran reiteradamente las encuestas. Porque un mercado regulado en base a la informatización y digitalización de la economía no puede quedar exclusivamente en manos de una minoría representativa elegida cada cuatro años, y mucho menos en la de tecnócratas salvadores, por muy cualificados que sean. Al contario, exige una amplia democratización y participación en la toma de las decisiones, un cambio en los mecanismos de acción y representación política. Una Democracia Ampliada que conjugue la representatividad parlamentaria con la democracia directa o participativa -que es mucho más que referéndums e iniciativa legislativa popular, como veremos más adelante- de forma que posibilite la permanente acción política de los ciudadanos plenamente informados, y que actúan de acuerdo a sus intereses, preocupaciones, ideas y deseos, cuando lo consideran oportuno, y de acuerdo a un sistema reglado de derechos y garantías. Salvando las distancias, algo así como la democracia ateniense pero en el siglo XXI, hoy posible gracias al desarrollo de la revolución digital y el deseo de participación directa ciudadana en el control y toma de decisiones.

La respuesta a la crisis actual, más allá de las movilizaciones y protestas ciudadanas contra la política económica neoliberal, los recortes en derechos sociales, y la degeneración democrática institucional, con los casos de corrupción como paradigma, tiene que ser global. Una respuesta que, desarrollándose en el campo de la acción política, se plantee como objetivo la transformación democrático-institucional de la sociedad y la reorganización de la actividad económica desde una perspectiva socialista. En última instancia, se trata de liberar las fuerzas productivas, generadas por la revolución digital en curso, del corsé capitalista y sus relaciones de producción. Por eso, un planteamiento meramente reformista (socialdemócrata) del sistema político-económico del capitalismo, que sin duda introdujo avances y mejoras en el pasado, ya no es suficiente para resolver los graves problemas actuales que la crisis ha evidenciado con su dramática secuela de pobreza, exclusión, paro endémico, degradación de las condiciones laborales, y perdida o reducción de las conquistas sociales.

1. 5. IRRUPCIÓN DE LOS MOVIMIENTOS SOCIALES

La característica más importante, y hasta cierto punto novedosa, de la actual crisis económica, desatada en 2008 con la bancarrota de Lehman Brothers, la mayor en la historia del capitalismo por su intensidad, profundidad y carácter global, y las fracasadas políticas de *recorte* y *austeridad* destinadas a intentar solucionarla, es la aparición como sujeto político de primer orden de los nuevos movimientos sociales que, a diferencia del tradicional movimiento obrero, tienen un carácter transversal, agrupando a trabajadores, autónomos, empleados, rentitas y ahorradores, jubilados, profesionales cualificados, incluso pequeños empresarios. Movimientos como 15 M, *Ocupa el Congreso*, las mareas *blanca* de sanidad, *verde* de educación, *negra* de los empleados públicos, *naranja* de los trabajadores sociales, *azul* solidaria, *Stop Desahucios*, etc. representan, frente a las formas históricas y convencionales de lucha popular, con un alto contenido de clase, una forma novedosa y pujante de acción política en pro de objetivos concretos e inmediatos en campos tan diversos como la denuncia de la corrupción, defensa del estado de bienestar, propuestas de democracia participativa, etc. Son movimientos con características nuevas (o, al menos, más desarrolladas) tales como formas organizativas más abiertas y flexibles, sin jerarquías definidas y fijas, de funcionamiento abierto y asambleario, que analizan, discuten, acuerdan, organizan y actúan por si mismas; amplia y exitosa utilización de las posibilidades de conexión y comunicación de las *redes sociales virtuales;* combinación de la acción local, con la sectorial y global; creación de redes de apoyo horizontal; pragmatismo en los objetivos y antidogmatismo en sus planteamientos y en la definición de las propuestas, lo que posibilita la creación de alianzas con otros movimientos y ONG, etc.

Curiosamente, en este periodo de intensa lucha ciudadana las huelgas obreras han tenido un carácter local y limitado, centradas fundamentalmente en la defensa de los puestos de trabajo, con la excepción de las movilizaciones generales (más simbólicas que efectivas) contra la reforma laboral. Y eso cuando en España se alcanzan cifras de paro insoportables, el poder adquisitivo de los salarios se ha reducido drásticamente, y el empleo se ha convertido en eventual, parcial y precario.

Reflejo político y manifestación electoral de esta situación es la aparición de *Podemos*, un amplio movimiento transversal de base constituido finalmente en partido político. Su vertiginoso ascenso en las encuestas evidencia que la naturaleza de la crisis pone en cuestión la globalidad del sistema, tanto en sus aspectos políticos, como económicos y sociales. El protagonismo obrero, encerrado cada vez más en su dimensión reivindicativa sindical, se diluye en el magma de las capas sociales afectadas, lo que explica, en parte, que la oferta tradicional de *Izquierda Unida* pierda relevancia. En este sentido, *Podemos* es -al menos hasta ahora- tal como hemos visto, más una evidencia del carácter profundo y global de la crisis, que una alternativa trasformadora. Su mismo carácter transversal, su deseos de ocupar la *centralidad del tablero político*, conlleva necesariamente cierta dosis de ambigüedad programática e ideológica (contenido esencial del *populismo* según Laclau y Mouffe, referentes teóricos de algunos dirigentes de *Podemos*), con claras inclinaciones socialdemócratas, lo que, en mi opinión, le incapacita para dirigir un proceso de transformación como el que demanda la naturaleza de la crisis aun cuando expresen (y traten de representar) una ruptura ciudadana con el sistema. La cuestión no deja de ser peliaguda: por un lado es ineludible la conquista democrática del poder político para impulsar desde el Estado las necesarias trasformaciones institucionales y económicas; por otro, esa conquista solo es posible si se articula mediante un referente político capaz de representar la mayoría social afectada por la crisis, lo que exige un programa político claro y realista que debe incluir, para poder implantarse frente a la esperable resistencia de las fuerzas oligárquicas y monopolísticas, la institucionalización de los movimientos sociales como formas de democracia directa. El acompañamiento de los movimientos sociales es imprescindible. No basta con ganar las elecciones y alcanzar el gobierno, sino que es necesario conquistar el poder. Un nuevo tipo de poder estatal que se apoye tanto en las instituciones estatales representativas -convenientemente reformadas- como en los movimientos sociales institucionalizados.

Los nuevos Movimientos Sociales surgidos con la crisis, a diferencia de los clásicos como feminismo, ecologismo, pacifismo, antimilitarismo, etc.[10] son estructuras de poder sectorial que actúan en la práctica como formas de contrapoder (resistencia) al poder institucional democrático (gobierno, parlamento). Su institucionalización les convertiría en un importante factor adicional del Estado, lo que exigiría reglar sus funciones y funcionamiento en tanto que las formas orgánicas de democracia directa. Es un tema complejo que abordaré más adelante en profundidad. Naturalmente, los Movimientos Sociales pueden diluirse por agotamiento, o por delegar su acción en una organización representativa (partido) Sin embargo, un partido que tenga como objetivo la transformación de la sociedad en la perspectiva socialista, necesitará la potenciación permanencia institucionalizada de los Movimientos Sociales para la configuración de una nueva relación de fuerza dentro del poder estatal, y para la necesaria colaboración en la tareas de transformación social. En ese sentido, los Movimientos Sociales se integran en el Estado democrático como uno de los mecanismos más importantes de participación ciudadana. Lo que nos lleva a adentrarnos en las cuestiones fundamentales del Estado y la Democracia. [11]

2. UNA TEORÍA PARA EL CAMBIO DE SISTEMA

Antes de nada, algunas aclaraciones tanto metodológicas como conceptuales de las que parto a la hora de examinar el papel histórico del Estado y la Democracia, así como las perspectivas de una transformación radical (revolucionaria) de la sociedad capitalista desarrollada en nuestro país.

La realidad es una pero no única. Hay muchas realidades (sistemas) que van de lo más simple (partículas atómicas) a lo más complejo (sociedad humana) pasando por numerosos estados: atómico, molecular, geológico, químico, biológico, fisiológico, etc. Casa sistema tiene sus leyes específicas que incluyen, en mayor o menor medida, a los sistemas inferiores, ya que, en definitiva, todo el universo se reduce finalmente a lo más pequeño. Por eso, todos los sistemas tiene cierto grado de indeterminación, de incertidumbre, aunque la realidad carece de ella (es lo que es) Sin embargo, el carácter específico (dominante) de cada sistema es suficiente para construir la explicación general del comportamiento de un sistema en concreto. En ese sentido, la realidad contiene el pasado, el presente y el futuro (como probabilidad)

Otro aspecto fundamental de la realidad es que todos los sistemas tienen propiedades emergentes que los componentes del sistema no tienen aislados. En los sistemas sociales, la principal propiedad emergente es la *política*, en el sentido aristotélico de *zóon politikon,* que un individuo aislado no posee. Robinson Crusoe podía hacer muchas cosas en su isla desierta menos *política*, entendida como la actividad social de los seres humanos (sentido relacional) orientada a la participación, modulación, y participación en la vida social y en las estructuras de gobierno y poder. A su vez, conocemos la realidad (dimensión ontológica) y actuamos *políticamente* gracias a la posibilidad de ser conocida (dimensión gnoseología). Pues bien, soy de los que sostiene que es mediante *modelos* como nos representamos la realidad y podemos conocerla y transformarla, que es la forma de confirmar la corrección del *modelo*. Así se ha desarrollado nuestro conocimiento del mundo, tanto desde el punto de vista físico como químico, biológico, o social. Ahora bien, la sociedad humana es un *modelo complejo y abierto*, el dotado de mayor complejidad ya que contiene -y esta afectado- por todos los demás sistemas, en mayor o menor medida. De ahí que una de sus características sea el elevado *factor de incertidumbre,* ya que la capacidad de juicio, decisión y acción de sus componentes elevan ese nivel de *incertidumbre* y, por lo tanto, de *predictibilidad,* que en un sistema dinámico es inversamente proporcional a su complejidad. Es más, la *predictibilidad* de las sociedades humanas se reduce con en el tiempo. Se puede predecir con cierta nivel de seguridad el resultado de unas elecciones en base a las encuestas reiteradas y de última hora, pero son cada vez más improbables o inciertas las predicciones de futuros comportamientos electorales según se alejan en el tiempo. Por eso, si bien la evolución de la sociedad es *determinista,* su desarrollo es *probabilístico,* con un elevado gradiente de *incertidumbre.* Ahora bien, hasta la aparición del *homo sapiens* y la formación de las primeras sociedades humanas, la evolución, que carece de fines y objetivos, y en ese sentido es azarosa, actúa a nivel biológico. Pero el ser humano, dotado de conciencia, se plantea objetivos y, por lo tanto, es capaz de pensar un modelo de sociedad inexistente. La *posibilidad* de ese modelo social viene determinada por las condiciones sociales en toda su complejidad, pero son los propios seres humanos quienes la convierten en realidad, modificando con su acción las condiciones materiales y sociales originarias. Los individuos se conforman y actúan en el seno de un sistema social. Esta condición hace que el propio medio (ecosistema social) modele, modifique o inhiba aspectos de la conducta individual. Es la dialéctica individuo-sociedad. En consecuencia, un modelo realista del comportamiento social deberá necesariamente incluir los datos y su interpretación sobre la composición, entorno y estructura del sistema social concreto. A su vez, la capacidad de *ideación* del *homo sapiens* otorga un carácter específico a la evolución de las sociedades humanas. Por eso, todo *modelo* de sociedad humana (presente o futura) debe tener en cuenta esta dimensión fundamental.

A la hora de abordar el estudio de las sociedades humanas y analizar sus posibilidades de transformación y los mecanismos necesarios para dicha transformación, no podemos obviar la dimensión personal (emociones, pensamientos, intenciones, etc.) El determinismo reduccionista, para el que los individuos se mueven exclusiva y directamente por intereses de clase es un grave error (demasiado extendido entre el marxismo

vulgar) que la experiencia histórica viene reiteradamente evidenciando, a veces con resultados
dramáticos. Es cierto que la estructura económica plantea los problemas del desarrollo social,
pero su resolución no esta determinada mecáni-
camente, no se trata de una cuestión meramente
cuantitativa y estructural. ¡Sería demasiado sen-
cillo! De ser así, las revoluciones socialistas ha-
brían triunfado hace tiempo en todos los países
capitalistas desarrollados. La dialéctica entre las
necesidades del cambio social (y, por lo tanto, en
pro de las transformaciones de la estructura económica y las relaciones de producción) y el man-
tenimiento, aunque sea reformado, del *status
quo* se resuelve en la lucha política (*hegemonía*)
rompiendo los mecanismos de *Subyugación
Ideológica* (que veremos más adelante) hasta
conseguir la correlación de fuerzas necesaria y
suficiente como para superar los mecanismos de
Dominación Institucional y crear unas nuevas
relaciones de poder.

Las sociedades humanas son sistemas
abiertos y dinámicos en el que los agentes de
cambio son parte del propio sistema. En un *modelo* de estas características hay que temer en
cuenta la unidad entre cambio y agentes de cambio. Por eso, a la hora de analizar la realidad de
un determinado sistema social y aventurar las
hipótesis sobre su evolución futura, debemos tener en cuenta las características *emergentes* del
sistema, e incorporarlas a nuestro *modelo*. El
determinismo burdo, que asegura la inevitabilidad de los procesos históricos, es una forma idealista (voluntarista en el mejor de los casos) de
mecanicismo social. Las leyes de la evolución
histórica de las sociedades humanas no garantizan ningún resultado, sino que evidencian los
mecanismos de trasformación de dichas socieda-

des. Pero son los agentes sociales, con su acción *política,* los que tienen que llevar a cabo dichas transformaciones, en pugna dialéctica contra las fuerzas preservadoras del sistema. El desarrollo se los sucesos históricos deberá confirmar, finalmente, el análisis y la corrección de las decisiones prácticas. Pero solo es posible aventurar los resultados de una manera *probabilística,* si bien la acción de los agentes sociales puede (y debe) actuar para modificar el campo de probabilidades de transformación. Lo que nos lleva a las cuestiones de la *conciencia* y *hegemonía,* que veremos más adelante. Por ahora baste con señalar que la acción social modifica las condiciones sociales de la propia acción. La sociedad humana es, esencialmente, una sociedad *política* que se modifica a si misma en un proceso evolutivo de cambio y/o trasformación de acuerdo a leyes (en ese sentido es *causal)* Los sistemas más pequeños (atómicos) y los más complejos (la sociedad humana) tienen en común, cada uno en su campo, la *probabilidad* como un aspecto fundamental. Para decirlo con palabras de Werner Heisenberg: *a diferencia de lo que ocurre en mecánica newtoniana, la función de probabilidad* (en el mundo cuántico y social, añado yo) *no describe un acontecimiento determinado, sino un conjunto de posibles sucesos*[12].

2.1. LA FUNCIÓN HISTÓRICA DEL ESTADO

Desde que Maquiavelo mencionara por primera vez el Estado en su obra El Príncipe, el término (Stato, del latín *Status*) ha sido objeto de numerosas interpretaciones y debates, generalmente interesados, y fruto más de una visión ideologizada previa, que de un análisis riguroso. Para decirlo con palabras de Lenin:

"...*difícilmente se encontrará otro problema en que deliberada e inconscientemente, hayan sembrado tanta confusión los representantes de la ciencia, la filosofía, la jurisprudencia, la economía política y el periodismo burgueses como en el problema del Estado*". Y eso es así porque la cuestión del Estado es medular en toda teoría política y, por lo tanto, en cualquier proyecto de trasformación social.

Una forma genérica de describir el Estado es como el conjunto de instituciones que poseen la autoridad y potestad para establecer las normas que regulan una sociedad, teniendo soberanía interna y externa sobre un territorio determinado. Lo que implica instituciones tales como parlamentos, fuerzas armadas, administración pública, tribunales y policía. Instituciones que le permiten al Estado ejercer sus funciones básicas de defensa, gobernación, justicia, seguridad, relaciones exteriores, etc. Es, por tanto, una definición funcional que no aclara nada de su naturaleza. Más incisiva es la definición del gran sociólogo Max Weber, que define el Estado moderno como una "*asociación de dominación con carácter institucional que ha tratado, con éxito, de monopolizar dentro de un territorio la violencia física legítima como medio de dominación y que, a este fin, ha reunido todos los medios materiales en manos de su dirigente y ha expropiado a todos los funcionarios estamentales que antes disponían de ellos por derecho propio, sustituyéndolos con sus propias jerarquías supremas*". Añadiendo de forma explícita y notable claridad que el Estado "*es la coacción legítima y específica. Es la fuerza bruta legitimada como "última ratio", que mantiene el monopolio de la violencia*". Otra forma, ya clásica de definir el Estado es la del jurista alemán Hermann Heller: "*la uni-*

dad de dominación, independiente en lo exterior e interior, que actúa de modo continuo, con medios de poder propios, y claramente delimitado en lo personal y territorial" y lo considera como una creación de las monarquías absolutas del S. XV, mantenida y desarrollada en el tiempo. Finalmente, y particularmente tras la Revolución Norteamericana, el Estado pasa a ser *Estado de Derecho*, lo que incluye ciertas premisas básicas y no solamente utilitarias, como son: legitimidad, imperio de la ley y la división de poderes (ejecutivo, legislativo y judicial) junto a otras funciones subordinadas al carácter del gobierno y las relaciones interestatales como la emisión de moneda propia, la educación, la sanidad, la estructura territorial, etc. Fue Karl Max el que desentrañó de manera concluyente la naturaleza del Estado al señalar que no es, como teorizó Hegel, el reino de la razón, sino de la fuerza; no es el reino del bien común, sino del interés parcial; no tiene como fin el bienestar de todos, sino de los que detentan el poder. De aquí la afirmación marxista de que todo Estado es una dictadura. Sin embargo, esta afirmación debe entenderse como que el Estado es un forma organizada de poder necesariamente represivo para mantener la cohesión social en la sociedad dividida en clases y recorrida por irresolubles contradicciones internas. En ese sentido, es la garantía de supervivencia del sistema, fundamentalmente de su sistema de producción, que es la base material de la sociedad. En ese sentido, es el instrumento político-institucional mediante el cual ejercen el poder los beneficiados por el *estatu quo* productivo. La forma puede ser autoritaria, dictatorial o democrática. Lo veremos al abordar el tema de la Democracia. Baste con señalar que la confusión entre naturaleza coercitiva del Estado y las formas en que dicha coerción se materializan han sido causa de numerosos errores teóricos y, consecuentemente, prácticos.

2. 2. GÉNESIS Y DESARROLLO DEL ESTADO

Tras esta breve exposición de la materia, y antes de avanzar en el estudio del Estado, hagamos un poco de *sociología ficción*. Porque no todos los Estados surgieron de la misma manera, ni siguieron en su evolución un mismo camino inexorable, aunque todos hayan sido fruto del desarrollo histórico de la sociedad humana. Imaginemos una primera agrupación de *homo sapiens* hace unos 80.000 años. Ya domina la técnica de elaborar herramientas de piedra, tiene un nivel de conciencia en la que los valores simbólicos están desarrollados, pintan en cavernas, entierran a sus muertos, recolectan frutos y cazan, y para cazar tiene que organizarse en grupos, lo que presupone cierro nivel de liderazgo. Toda la riqueza es compartida y su distribución se hace en el interés del grupo. La división del trabajo comienzan a crear diferencias sociales: el pintor no se expondría demasiado a los riesgos de la caza, los mejores tallistas de piedra posiblemente se dedicarían a tiempo completo en tareas de su oficio, la distribución de la comida exigiría toma de decisiones en asamblea donde los líderes de la caza tendrían autoridad para dirimir los conflictos, etc. Estamos ante el embrión de un Estado, es decir, ante la forma institucionaliza de las relaciones de producción entendidas en forma amplia y lasa: defensa del grupo frente a otros en la lucha por el alimento, defensa del territorio, organización del trabajo, método para la toma de decisiones, liderazgo que resuelva los conflictos en las decisiones colectivas. El Estado surge con el propio desarrollo de las primeras agrupaciones de *homo sapiens,* es consustancial a la propia agrupación para garantizar su supervivencia y desarrollo. En ese sentido, el Estado producto del desarrollo socio económico, irá cambiando a lo largo de la historia de acuerdo a la evolución de la sociedad, de las diferenciaciones sociales internas, las exigencias de defensa de la agrupación frente a factores desestabilizadores internos y agresiones externas. Así podemos hablar de Estado salvaje, Estado bárbaro, Estado esclavista, Estado feudal, Estado burgués y, cuando llegue, Estado socialista. El comunismo tal como se ha definido teóricamente, puesto que nunca ha llegado a existir, podría significar la extinción del Estado como órgano coercitivo. Estaríamos ante una forma de organización similar a la de las primeras agrupaciones humanas, donde no existía la propiedad privada, pero en un grado superlativamente superior (desarrollo en espiral) lo que sin duda aprovecharía al máximo la capacidad productiva en un modelo igualitario y solidario de mutuo beneficio de acuerdo al mencionado principio de: *cada cual, según sus capacidades; a cada cual, según sus necesidades.*

Pero analicemos más a fondo la naturaleza común del Estado, aquello que le caracteriza permanente en el tiempo, para luego estudiar sus manifestaciones concretas en cada estadio evolutivo. Si nos fijamos en la función histórica del Estado, lo primero que salta a la vista es su carácter *organizador.* En ese sentido, puede decirse que el Estado es la sociedad organizada. De ahí que la dimensión y función del Estado dependerá del grado de organización y desarrollo de la sociedad. Pero organizar es también mantener unidos a los miembros del grupo, lo que exige, dado

51

el carácter contradictorio individuo / sociedad, una inevitable dimensión de *coercitiva*, con su contraparte de *recompensa*. Esa represión se manifiesta en las medidas (costumbres, normas y leyes) que garanticen la conexión del grupo, así como para defenderlo de agresiones exteriores. Surge así la necesidad del ejército, que inicialmente cumple la función represiva al servicio del Estado (o sirve para su conquista) y que posteriormente se desdoblará en los diversos órganos policiales. Otra dimensión no menos importante es la de garantizar la obtención de alimento y su distribución entre los miembros del grupo, inicialmente en función de los intereses de supervivencia del grupo (más comida a los que tienen que traer el alimento, mayores cuidados a la descendencia que a las personas ancianas, protección especial a los elaboradores de herramientas, etc.) Cuando la evolución del grupo les permite obtener excedentes, el Estado debe garantizar su comercio y proteger las riquezas acumuladas. Como consecuencia de toda esta actividad productiva, distributiva y de comercio, el grupo se dota de una normas que se estructuran como *conciencia de grupo*. Es decir, como *ideología* o sistema de valores, entre los que se incluyen la jerarquía social necesaria para la división del trabajo. Esa misma ideología, concretada en normas (derecho) se garantiza por los mecanismos de represión y premio. Y dado que la evolución de las sociedades no hacen sino desarrollar la capacidad productiva, y con ella los problemas de distribución, la defensa del grupo y su riqueza, la estratificación social, etc., el Estado se irá transformado de acuerdo a las nuevas exigencias de supervivencia y cohesión, modelando a su vez el propio sistema social. Así, el Estado en la Antigüedad clásica (siglo VIII a. C. al siglo V d. C.)

como el reino de Lidia, Odrisio, Egipto, o los imperios Persa, Seléucida, etc., que podían estar muy desarrollados en las funciones de regulación productiva y administrativa, se basaba en el poder de conquista de jefes, reyes, tiranos, o príncipes, lo que dotaba de prevalencia a las formas del ejercicio de la fuerza (ejército) como fuente de legitimidad. Junto a esta forma de Estado, que prevalecería en los siglos siguientes, con las modulaciones históricas concretas, surge una isla de excepcionalidad en Grecia (Siglo VIII a. C. - 86 a. C.) con la democracia ateniense basada en la *polis* (ciudad) cuya característica principal es el carácter de ciudadanos libres e iguales políticamente de sus habitantes (con la excepción de los esclavos, extranjeros, y otros *ausentes de libertad*, etc. En realidad solamente una parte pequeña de la población -alrededor de un 10%-, tenía derechos políticos) que se encargaban de legislar, elegir a sus líderes (por sorteo o votación) y defender el territorio. Los avatares de la democracia ateniense merecerían un estudio más detallado, pero alargarían innecesariamente el texto. Por otra parte, ya existen estudios serios y documentados sobre el tema como el de Cecil Maurice Bowra (1898 – 1971) *La Atenas de Pericles*. Posteriormente, el Estado feudal se fundamenta en el poder de la nobleza, encabezada por el soberano, que ejerce su autoridad sobre un territorio en permanente cambio y disputas. Los nobles, en función de su fuerza, podían ejercer funciones de Estado como administrar justicia, recaudar impuestos, acuñar moneda y reclutar ejércitos. La base social eran los campesinos siervos a los que los nobles *protegían* de otros nobles y de las guerras de rapiña a cambio de su vasallaje, fundamentalmente económico. Era un Estado disgregado, salvo en los casos de reyes poderosos que ejercieron una función unificadora. Función que cumplía también la religión, lo que provocó las llamadas *guerras de religión* que eran, en realidad, guerras de poder terrenal entre nobles y príncipes (no olvidar que el Papa era también soberano en su territorio), aunque también propició la aparición de movimientos populares, fundamentalmente campesinos, que fueron brutalmente reprimidos por la nobleza. Finalmente, con el desarrollo económico de la sociedad industrial, el aumento y poder de la burguesía, y como consecuencia de las revoluciones inglesa, norteamericana y francesa, surge el Estado moderno, en el que el principio de soberanía pasa residir en el pueblo, se abolen los privilegios y trabas feudales, surgen las instituciones de representación ciudadana, nace el patriotismo como defensa de la Nación concebida como el conjunto de los ciudadanos, y se instaura el libre mercado, lo que permite un desarrollo vigoroso de la economía y la aparición de un nuevo actor social: el proletariado y las luchas sociales de los dos últimos siglos. Luchas que pugnan por ampliar los derechos políticos (ampliación de la democracia a toda la población, derecho de huelga, etc.) como mejoras sociales. Y surge la perspectiva de un nuevo modelo de Estado, el socialista, que supere las limitaciones del Estado burgués, tanto en lo político, como en lo económico y social. Evidentemente, esta es una descripción muy simplista, pero creo que suficiente para resaltar lo que interesa: que el Estado es fruto del desarrollo de los sistemas sociales, cumple una función de cohesión vital para la supervivencia del sistema, cohesión que necesita de mecanismos coercitivos para mantener las contradicciones internas dentro del *orden* establecido. Lo que nos lleva al tema del siguiente capítulo.

2. 3. LA DIALÉCTICA INTERNA DEL ESTADO

Aunque los sistemas sociales son dinámicos al estar recorridos de contradicciones internas (individuo-grupo, clase-sociedad, trabajo-propiedad, etc.) el Estado necesita permanecer estable, lo que ha posibilitado su concepción religiosa, como algo dado e inamovible (la manifestación más elaborada de esta visión es la de Hegel: *el Estado es el Espíritu objetivo*) En su proceso evolutivo de pequeños cambios (reformas) para adaptarse al desarrollo de la sociedad, el Estado se ve sometido a la dialéctica de la lucha entre las nuevas exigencias de la sociedad y el *status quo*. Esta lucha viene impulsada por numerosos factores, el más importante, y que determina la evolución a largo plazo, es el económico, pero también por factores políticos, culturales y sociales que conforman la realidad del sistema. A lo largo de la historia vemos luchas, más o menos violentas, por conquistar derechos y libertades, mejorar las condiciones materiales y sociales para determinadas clases y capas, por la libertad de expresión, por la preeminencia religiosa, y un largo etc. Estas luchas llega un momento que ponen en cuestión la propia naturaleza del Estado, lo que ocurre siempre que el desarrollo de las fuerzas productivas choca con las relaciones de producción, poniendo en cuestión todo el andamiaje institucional e ideológico. Cuando esto ocurre, se inaugura un periodo de inestabilidad y lucha hasta que se llega a un nuevo *estatu* de acuerdo a la realidad social. Es la lucha, por ejemplo, llevada acabo por la burguesía y las clases populares contra el Estado feudal (ampliamente reformado para entonces) que impedía el desarrollo libre del capitalismo nacido en su seno. El carácter históricamente violento de esta lucha viene condicionado por la resistencia del Estado al cambio, que no duda en utilizar la fuerza incluso contra sus propios principios normativos y legitimadores (golpe de Estado) Pero no es una *condición necesaria* como sostiene la teoría de que *el poder nace de la boca del fusil* (Mao Zedong) si las condiciones llegan a ser propicias a la trasformación pacífica y democrática del sistema social, lo que parece que hoy, con la globalización y la aceptación universal de los Derechos Humanos, es lo más probable y deseable. Las condiciones previas de descomposición de la capacidad de sometimiento político (Mecanismo de Subyugación Ideológica) junto a las conquistas democráticas en las instituciones del Estado, que imposibilitan o, al menos, dificultan seriamente, el uso de la capacidad coercitiva del Estado, son hoy la garantía de la posibilidad de cambio de la naturaleza del Estado capitalista al Estado socialista de una manera pacífica y democrática. Claro que la pertenencia a organizaciones supranacionales como la UE, con sus tratados de inspiración liberal, también puede convertirse en un serio obstáculo para la trasformación del sistema social capitalista, lo que obliga a plantearse el problema de la correlación de fuerzas internacional. En cualquier caso, lo que ayer era una ilusión bienintencionada, anegada en sangre, hoy es una *posibilidad*. Todo lo cual exige nuevas formas de lucha, posibles gracias al desarrollo de la Revolución Digital, la capacidad auto-organizativa de la ciudadanía, y las formas de Democracia Ampliada nacidas de la propia lucha.

Sin embargo, todo lo dicho no debe hacernos olvidar el carácter necesariamente coercitivo del Estado a fin de evitar la falacia de la existencia de un *Estado Neutral* que actuaría como mero *observador* de las luchas internas en el siste-

56

ma social a la espera de nuevos *inquilinos*. En esta concepción, el carácter *represor* del Estado es una especie de lacra o pecado original que puede y debe borrarse con el agua bendita del *consenso* civilizado propio de las poliarquías, y mediante la *democratización de los aparatos de Estado*. Pero los límites del *consenso* son los del propio sistema social, y la *democratización de los aparatos de Estado* una frase hueca que obvia su carácter instrumental. No hay que confundir Estado con *aparatos estatales* (sector público, cuerpo burocrático, instituciones administrativas, órganos de orden público, etc.) que siendo partes consustanciales del Estado, no lo agotan. El Estado es también el conjunto de relaciones sociales (formalizadas por el sistema legal que garantiza el Estado) En ese sentido, hay que considerar todo *sistema legal* como un aspecto constitutivo del Estado. Es cierto que en las sociedades democrático-liberales, la coerción se ejerce de acuerdo a las leyes (Estado de Derecho) lo que supone una importante limitación al abuso de jefes carismáticos, mayorías absolutas, y tiranos de toda laya. Sin embargo, cuando las leyes no garantizan el *estatu quo,* las clases dominantes y sus dirigentes no dudan en cambiarlas por otras más represivas que limitan, cuando no cercenan en la práctica, los derechos democráticos.

Para los teóricos del *Estado Neutral,* el Estado ya no es el producto de la sociedad, su condición y garantía organizativa, la expresión de su estructura interna, y el mecanismo de cohesión de dicha sociedad integrando (castigo-premio) los conflictos inevitables. Se abandona la idea de que un sistema social determinado se organiza mediante el Estado cuando alcanza cierto nivel de desarrollo en el que surgen conflictos (contradicciones) entre sus componentes, conflictos que tiene su origen en los antagonismos del sistema productivo y de la apropiación y distribución de la riqueza, así como el *estatu* social de los diversos componentes de la sociedad (generalmente ligados a su *estatu* económico, pero no exclusivamente) Estas contradicciones internas, junto a la acción de factores externos (defensa, comercio) conforman la necesidad y nacimiento del Estado y su naturaleza coercitiva. El Estado es organizador precisamente en cuanto, y por cuanto, es represor, aunque esta represión sea mucho más compleja que la simple violencia física, hasta abarcar el propio asentimiento ideológico. La represión no desaparece porque uno no se sienta oprimido, pero la conciencia de la represión es el único camino para su superación. Esto sigue siendo válido en el socialismo. Un sistema social socialista, donde la economía estaría regulada y planificada democráticamente, y la producción de riqueza (en sus aspectos fundamentales) sería propiedad social, solo es posible con una nueva forma de Estado capaz de garantizar dicha propiedad, regular la actividad productiva, organizar la distribución de la riqueza, promover la igualdad, atender las necesidades del bienestar social, etc. Todo lo cual exige una amplia participación política de los ciudadanos, lo que presupone un desarrollo de la democracia que complemente la forma representativa electoral (Democracia Ampliada) mecanismo institucional capaz de hacer efectivo el control social del Estado. En el Estado Socialista los aspectos coercitivos persisten pero ahora, en un salto cualitativo, el propio Estado se somete al control social. Si no es así, como ocurrió con el llamado *campo socialismo*, el resultado es una dictadura tan burocrática como injusta e ineficaz, que no podía (ni debía) sobrevivir.

Mientras no cambie la naturaleza del ser humano y evolucione de forma que el genotipo no incluya tendencias egoístas y el carácter cooperativo sea el dominante; es decir, mientras la evolución humana (sociocultural) no alumbre un nuevo tipo de *homo sapiens* (lo que solo será posible si cambia el ecosistema social de forma que la base material y las relaciones de producción sean igualitarias) el carácter organizador-represor del Estado, y en ese mismo sentido el propio Estado, tal como ha existido hasta ahora, puede desaparecer para convertirse en un mero mecanismo administrativo de la sociedad. Los intentos de crear un *hombre nuevo* desde el Estado, por muy bien intencionados que sean, solo consiguen generar frustración en los mejores y corrupción en los peores. Una vez más, no olvidemos que el sistema social humano, con sus propiedades emergentes, está compuesto por otros subsistemas (y sus propiedades) y, en última instancia, por individuos, fruto éstos de la evolución, lo que nos vincula al resto de la naturaleza y el universo. Aunque el individuo es inseparable de la sociedad, la sociedad no anula la realidad del individuo, y cuando lo ha tratado de hacer el resultado han sido terribles matanzas, como ha demostrado la trágica experiencia del régimen nazi, la *Revolución Cultural* maoísta, o el genocidio camboyano de los jemeres rojos. Cambiar las condiciones generales de vida y, por lo tanto, de producción y distribución de la riqueza sobre las que se sustenta todo sistema social, es la única forma de impulsar la evolución del *homo sapiens,* el único ser capaz de crear conscientemente las condiciones de su propia evolución.

2. 4. REFORMA Y TRASFORMACIÓN DEL ESTADO

La definición del Estado como estructura ordenadora del funcionamiento social se manifiesta como un Sistema de Dominación capaz de garantizar su permanencia, y contiene los *momentos* coercitivo y hegemónico (físico e ideológico) Momentos inseparables, pero que actúan en ámbitos distintos. La intervención de la policía, los jueces y, en última instancia el ejercito, cuando estalla el conflicto de intereses entre los componentes de un sistema social, solo es posible dentro de un marco ideológico, lo mismo que la hegemonía exige un respaldo coercitivo encuadrado en el consenso social que lo legitima. Esta dialéctica se pone a prueba cuando el conflicto sobrepasa los niveles del consenso para poner en cuestión el papel del Estado. No es raro, sino todo lo contrario, que los detentadores del poder recurran entonces a *leyes de excepción,* que son la negación, apoyada en la fuerza física, del consenso y el derecho.

La sociedad crea el Estado cuando alcanza cierto nivel de desarrollo y complejidad, pero el Estado no crea la sociedad, aunque actúa sobre ella modulando, positiva o negativamente, su desarrollo. De ahí que existan conflictos entre un sistema social y su Estado, conflictos que se resuelven con las oportunas reformas de la estructura estatal. A no ser que el conflicto estalle en crisis revolucionaria y el viejo Estado desaparezca, dando origen a uno nuevo. Por eso no hay crisis del Sistema de Dominación sin crisis del Estado. Las crisis, que suelen originarse en el sistema productivo, se manifiestan y dilucidan en el campo de la hegemonía política y del dominio cultural (Subyugación Ideológica) para terminar poniendo en cuestión la *función* coercitiva estatal. Pero no toda crisis de Estado se traduce en una crisis global del Sistema de Dominación debido a que el sistema social contiene una gran variedad de mecanismos de conciliación y anulación, que en las sociedades desarrolladas pueden ser muy sutiles. Por ejemplo la ideología religiosa -en sus distintas modalidades- y la iglesia en cuanto organización social, sin ser un *aparato* de Estado, ya que el Estado moderno se apoya precisamente en su exclusión (Estado laico) contribuyen a la hegemonía cultural (y también política) cumpliendo un importante papel como uno de los mecanismos de Subyugación Ideológica. Sin que eso signifique que dicho papel no pueda entrar en conflicto con ciertos aspectos de la Subyugación Ideológica (ley del aborto, por ejemplo) por cuanto ésta tiene que actuar sobre un cuerpo social cada vez más heterogéneo

Las sociedades humanas se constituyen como un sistema complejo y abierto formado por subsistemas, cuya base es el individuo. Por ello, están recorridas por numerosas contradicciones, por distintos intereses, algunos irreconciliables otros complementarios, en un juego de primacías que somete la resolución de unos a la previa resolución de otros. La complejidad es tal que el Estado, como instrumento *ordenador*, se ha ido trasformando a su vez en un *Sistema Estatal* sofisticado (y notablemente burocrático) lo que le permite cierto grado de autonomía, necesaria para *arbitrar* los conflictos, pero siempre dentro de la garantía de supervivencia del sistema social en cuestión. Todo ello hace que el sistema social tenga un carácter dinámico que le permite evolucionar, y al Estado adaptarse a las exigencias de los cambios sociales. Los teóricos del fin de la historia consideran que con el Estado burgués y el sistema económico capitalista el proceso evolutivo de cambio ha terminado en sus aspectos esenciales. Sin embargo, la realidad se muestra testaruda y pone en evidencia tan angelical concepción. Las periódicas crisis económicas y su reflejo político-institucional, los movimientos sociales alternativos, la protesta de amplias capas de la población, los movimientos ecologistas, las guerras por la posesión de las riquezas naturales, las tensiones comerciales mundiales, etc., evidencian que todo sigue moviéndose y evolucionando. En los últimos tiempos aparecen, cada vez más explicitas, propuestas de transformación social radical con la consiguiente repercusión en el Sistema de Dominación. En pocas palabras, cuando las contradicciones de un sistema social se agudizan hasta el extremo de no poder ser *arbitradas y ordenadas* por el Estado, éste entra en crisis y con él todos sus *aparatos*, empezando por el de Subyugación Ideológica (hegemonía, consenso) y terminando en el coercitivo, incapaz de actuar con eficacia resolutiva. La salida, en los casos extremos, es la revolución o la dictadura.

Todo esto nos lleva a la cuestión fundamental: el acceso al poder político (gobierno) mediante la conquista de la hegemonía (elecciones) es el primer e inexcusable paso para que el sistema social capitalista pueda transformarse en socialista y alumbre un nuevo Estado. Esta conquista democrática del poder político es hoy posible en el marco del Estado de Derecho, lo que no significa que el Estado sea *neutral*. Al contario, en cuanto mecanismo regulador, ordenador y garante del sistema social capitalista, el Estado actúa en su defensa y contra su trasformación. Permeable a la *reforma,* es un obstáculo para la trasformación social, y debe ser cambiado (proceso constituyente) lo que resulta imposible si en el proceso de conquista democrática del poder no se crean *embriones* del nuevo Estado. No basta con instalarse en el gobierno, salvo que lo único que se pretenda es reformarlo para adaptarlo a las nuevas exigencias del desarrollo social. Es el papel que ha cumplido con abnegación y éxito la socialdemocracia. En resumen, el combate político por la *ocupación* del Estado exige la creación de formas *pre-estatales* de organización social, nacidas en la propia lucha, puntos de apoyo para el proceso de trasformación del viejo Estado en crisis en otro nuevo. En la sociedad no hay *saltos* en el vacío, aunque si *saltos* evolutivos.

Las formas *pre-estatales* de organización son condición necesaria, aunque no suficiente, para la transformación de la crisis del Estado en crisis del Sistema de Dominación. Siempre teniendo en cuenta que la crisis del Estado, fruto de la incapacidad del sistema económico y de los mecanismos político-administrativos para satisfacer las demandas sociales, no significa que todos los *aparatos* de estado se vean igualmente afectados y actúen como freno a la lucha trasformadora. La historia esta llena de ejemplos contrarios, donde la judicatura, por ejemplo, ha cumplido un papel positivo, lo mismo que una administración profesional controlada por los mismos funcionarios que sufren también los efectos de la crisis. Esta capacidad de *neutralizar,* o apoyarse en ciertas estructuras estatales, abre enormes posibilidades para lograr un transito pacífico y ordenado de un modelo a otro de sociedad. Pero, una vez más, no lo garantiza.

Lo erróneo de las teorías reformistas de la socialdemocracia es que se basan en la idea del Estado como un sistema *neutral* que posibilita los cambios sociales. Es una manifestación de *fetichismo de Estado*. El reformismo, pese a sus promesas de cambio y trasformación social (cada vez menores, todo hay que decirlo) perpetúa el sistema económico a base de paliar algunas de sus manifestaciones más agresivas, como su tendencia innata la desigualdad social. Se comporta como uno de los mecanismos más eficaces de perpetuación del sistema capitalista en épocas de crisis.

2. 5. CRISIS DE SISTEMA Y CRISIS DE ESTADO

El dinamismo esencial de todo sistema lleva aparejado la posibilidad de cambios internos en sus mecanismos de autorregulación. Esto tiene distintas manifestaciones en el sistema capitalista, genéricamente consideradas como formas de *lucha de clases*. El capitalismo es un sistema económico donde la producción y apropiación de la riqueza queda sujeta al resultado de la relación empresario-trabajador, donde las diferencias sustanciales en la capacidad de negociación (propiedad privada de los medios de producción) solo paliadas por la acción colectiva de los asalariados (sindicatos) se resuelve en una lucha desigual y permanente. Las tensiones (contradicciones) en esta pugna son uno de los mecanismos de cambio social del sistema que hasta los mismos teóricos del capitalismo reconocen. La fuerza y conciencia adquirida en estas luchas y otras de carácter más transversal como la mejora de la vivienda, educación, salud, pensiones, etc., junto a la existencia de organizaciones políticas progresistas que pugnan por electorado, son otros de los mecanismos de cambio que presiden la evolución de los sistemas sociales capitalistas. Todo va relativamente bien hasta que el sistema económico entra en una de las graves crisis periódicas que imposibilitan atender a las demandas crecientes de mejora de las condiciones de trabajo y vida de la población. Estas graves crisis tienen distinta naturaleza: cíclicas, de oferta, de demanda, financiera, energética, etc.. La última, iniciada en 2008, es de carácter global y sistémico, y se origina por una desaforada y descontrolada especulación financiera, para desarrollarse como a una crisis de deuda, que genera a su vez una crisis de demanda, etc. La gravedad y profundidad de la crisis erosiona la representación política (partidos) Éstos se ven obligados, dentro de un mercado acotado como es, en nuestro caso, la Unión Europea y el Eurogrupo, a tomar medidas durísimas de ajuste fiscal para reducir el déficit (que garantice la devolución de la deuda) y aumente la productividad, entendida no como mejor trabajo en menos tiempo, sino como salarios más bajos, que es la única respuesta inmediata a las exigencias de los mercados internacionales (financiación) Lo que, como no podía ser de otra manera, pone en cuestión las conquistas sociales, crea un numerosísimo ejército de parados que presiona a la baja los salarios, con empleos cada vez más precarios, lo que hunde a su vez la demanda y aboca a la ruina a las pequeñas y medianas empresas, faltas a su vez de crédito. Lo estamos viviendo, y no hace falta insistir en ello. Es decir, la crisis de raíz económica se extiende por todo el sistema social alterando los mecanismos de *y orden* (negociación y consenso) lo que obliga a un uso directo del Estado (leyes represoras de las libertades, rescates multimillonarios a la banca, ayuda a las grandes corporaciones empresariales, privatización de los servicios sociales, etc.) que deja de aparecer como un *árbitro neutral*. El resultado es una pérdida de autoridad del Estado que debilita, en las sociedades democráticas, su poder para mantener el sistema social.

La falta de autoridad política y su contrapartida, el aumento del carácter represivo del Estado, genera a su vez una mayor protesta popular, con la consiguiente caída de la capacidad disuasoria de la represión. Esta es una de las manifestaciones más genuinas de la crisis de Estado. De hecho, esta crisis, aunque aún no se haga patente, puede detectarse tanto en el aumento de la función represiva del Estado como en el funcionamiento cada vez más incontrolado de algunos de sus aparatos, como el judicial. Ello es así porque la crisis del Estado es reflejo de una crisis más profunda; o, si se quiere, es la manifestación a nivel sociopolítico de la crisis del Sistema de Dominación en sus aspectos coercitivo e ideológico. Cuando, por las razones que sean - económicas, políticas, culturales, y la mezcla e interacción de todas ellas- el Sistema de Dominación es contestado mayoritariamente por la ciudadanía, de forma que el sistema social sólo puede sobrevivir mediante nuevos mecanismos de organización que respondan a las disfunciones estructurales, el Estado, tendencialmente estático como todo mecanismo de *orden*, entra en crisis y puede convertirse en factor de desgobierno.

Así pues, la crisis del Estado hay que comprenderla en su justa dimensión, apreciarla en su dinámica, preverla en su desarrollo, y orientar todo el esfuerzo en conquistar cada vez más amplias parcelas de poder político y *organicidad*, ganándolas a la estructura estatal en crisis. Sin olvidar que la crisis es también un mecanismo de adaptación. De todas las crisis se sale, pero el tipo de salida dependerá de la naturaleza *estructural* de la crisis (fuerzas productivas-relaciones de producción) y de la acción de las fuerzas en pugna. O reformismo o trasformación del sistema social, ese es la cuestión que se plantea en las crisis, más intensamente cuando más graves sean. Generalmente la reforma se impone como el método *natural* de evolución. De ahí el predicamento de las teorías reformistas. Los conservadores se hacen liberales y los socialistas socialdemócratas. Ambos propugnan la reforma, aunque haciendo hincapié en aspectos distintos: los primeros en la desregulación del mercado y la economía -lo que no les impide echar mano del Estado si hace falta-, los segundos en las políticas redistributivas del Estado y la igualdad de oportunidades. Discrepancias que, cuando las movilizaciones son intensas y las demandas comienzan a superar el marco político del sistema social, se disipan y ambas opciones reformistas suelen llegar a acuerdos políticos (gobiernos de coalición) Es lo que ha ocurrido tras la Segunda Guerra Mundial y hasta nuestros días en Europa occidental. Un caso particular de este mecanismo evolutivo es el ocurrido en el llamado *campo socialista*, donde los intentos reformistas propiciaron su estrepitoso derrumbe. El resultado está a la vista: los países del *socialismo real* se han trasformado en capitalistas, y la *democracia soviética* y *popular* en democracias parlamentarias liberales, algunas con fuertes dosis de autoritarismo. Por su parte, el Estado socialista (una entelequia difícil de argumentar y menos de justificar pese a la abundante literatura) fue sustituido por el Estado burgués. Los únicos casos de *reformismo* exitoso son los de China (*hibrido* que merece un detallado estudio) y en menor medida los de Laos, Vietnam, y Cuba. Corea del Norte se mantiene sin cambios gracias a un férreo autarquismo y una de las más ignominiosas dictaduras.

Lo que interesa aquí es precisar que el reformismo (liberal y socialdemócrata) en su dimensión política, económica y social, tiene una indudable capacidad de acción y, por lo tanto, debe ser tenido en cuenta. Es el mecanismo habitual para resolver los desajustes del sistema capitalista. Su fuerza estriba en que representa la garantía evolutiva del propio sistema social. El reformismo resulta ineficaz cuando las contradicciones internas del sistema social alcanzan tal agrado de amplitud, profundidad e intensidad que su resolución pone sobre el tapete histórico - pero no garantiza- su trasformación. En esas circunstancias se abre un periodo de carácter revolucionario, que en los estados democráticos consolidados, y dentro de un marco internacional propicio, puede terminar desembocando en un nuevo, y todavía inédito, sistema social socialista que permita el desarrollo de las fuerzas productivas, cambie las relaciones de producción, y garantice no solo el pleno ejercicio de las libertades ciudadanas y la defensa de los derechos humanos, sino la igualdad real entre los todos ciudadanos en los aspectos básicos de la vida. Esta posibilidad es negada, lógicamente, por el reformismo, tanto liberal como socialdemócrata en base a la experiencia histórica del *campo socialista.*

Más incongruente es la adopción de una especie de neo-reformismo -generalmente enmascarado con fraseología revolucionaria- por fuerzas políticas de izquierda que tienen como objetivo último la trasformación del sistema social. Argumentan que la crisis no puede convertirse, en nuestros días, en crisis revolucionaria, entendida como una especie de remedo del *asalto al Palacio de Invierno.* Efectivamente, tal perspectiva es poco realista. Faltan los condicionantes internos y externos que propiciaron la Revolución de Octubre: descomposición de la autarquía zarista, movimientos revolucionarios previos, Primera Guerra Mundial y su efecto sobre el ejército zarista, ansia de paz, demanda de tierra por los campesinos, crisis económica, etc. Lo mismo podría decirse de la revolución maoísta, de la toma del poder por el castrismo, de la guerra anticolonialista de Vietnam. Hoy, la situación interna y externa de los países capitalistas es muy distinta, y la vía democrática de transformación social es, por primera vez, posible y deseable. Pero las nuevas condiciones históricas no deben hacernos olvidar lo fundamental: que solo una política que contemple en su teoría la naturaleza del Estado y los mecanismos de supervivencia del sistema social capitalista puede utilizar las conquistas democráticas para la transformación social.

2. 6. HEGEMONÍA Y CONQUISTA DEL PODER

Hasta ahora vengo hablando de hegemonía como uno de los mecanismos tanto de Subyugación Ideológica como de un proceso de conquista democrática del poder mediante el acceso al gobierno. Pero hay que reconocer que esta formulación, expuesta por Lenin y desarrollada por Antonio Gramsci (1891 - 1937) en sucesivas teorizaciones[13] contiene suficiente carga de ambigüedad como para haber dado lugar a diversas interpretaciones y alumbrar prácticas políticas diversas fallidas como el *Compromiso histórico* de Berlinguer, sintetizado en la famosa frase: *No se puede gobernar y transformar un país con una mayoría del 51%*. Efectivamente, el PCI, pese al amplio apoyo social del que gozaba, el prestigio intelectual, y su fuerza organizativa, ni gobernó ni trasformó. Fue él quien se terminó trasformando en socialdemocracia a la americana

En la formulación gramsciana de *guerra de posiciones,* hay que alcanzar primero la hegemonía en la sociedad civil antes de proponerse la conquista del poder político. Sin duda, en un proceso que se dirime exclusivamente en el campo electoral, para alcanzar el gobierno hay que conseguir un amplio apoyo social que permita emprender las trasformaciones necesarias. Dada la amplitud de dicha mayoría, el proceso tiene que ser largo y abarcar la lucha cultural de la ideología dominante que impide la formación de esas mayorías[14]. Es evidente que un proceso así conlleva la presunción teórica de un campo de lucha ideológico con el Estado como *arbitro neutral.* Se olvida que el Estado actúa básicamente mediante los Mecanismos de Coerción y de Subyugación Ideológica, inseparables y en mutua interacción. El resultado es que la lucha por la hegemonía no ocurre en un terreno *neutral.* Cuando surgen las crisis, sean políticas (crisis de partidos y de representación) económicas (crisis del sistema productivo) o sociales (crisis culturales) la lucha por la hegemonía se intensifica y las respuestas se articulan en propuestas regeneradoras de variado tipo, desde las nuevas que surgen al calor de la crisis, como las esbozadas por los partidos remozados y, en caso extremo, refundados o reconstruidos. El ejemplo más claro de este proceso es el italiano: la lucha por la hegemonía, pese a la tradición gramsciana, se ha saldado con el triunfo del reformismo, tanto en su versión socialdemócrata como liberal, tras el derrumbe del sistema tradicional de partidos por, entre otras cosas, la acción judicial de *Mani pulite* contra la corrupción, cuyo desenlace final, tras los reajustes políticos pertinentes, fue la aparición del siniestro personaje Berlusconi y su Fuerza Italia, y a la inoperancia de la izquierda refundada en Partido

Democrático pese a tener numerosas y desperdiciadas oportunidades de gobernar (1993, 1996, 1998, 2000). El proceso se repite en el país alpino a impulsos de la actual crisis: aparición de un movimiento transversal y antipolítico 5 *Stelle* que, tras una esperanzadora incursión electoral, va lentamente apagándose mientras el reformismo socialdemócrata (mejor socialcristiano) vuelve a tomar la delantera bajo la dirección del dinámico primer ministro italiano Renzi.

La precaria hegemonía (consenso) conseguida por el centro-izquierda no había superado, ni se había planteado superar, el marco institucional e ideológico del sistema social, convirtiéndose finalmente en un instrumentos del propio sistema, integrando la protesta social con la promesa de atender sus demandas en el marco de las posibilidades económicas. Cuando esto no ocurre -y puede ocurrir cuando la crisis económica alcanza cierto nivel- el resultado suele ser el desánimo, la desmovilización social, la abstención electoral, la disgregación y fragmentación partidista... hasta que llega un nuevo estallido por incapacidad del sistema para autorregularse (resolver las contradicciones en un nuevo consenso), o por la aparición de nuevos factores desencadenantes, como la mezcla explosiva de austeridad y corrupción. Gracia y España son los ejemplos más claros.

Otra cosa habría sido si la lucha por la hegemonía (en España *Podemos* la define como la lucha de los de *arriba* contra los de *abajo,* en una formulación que hubiera entusiasmado a los jacobinos) necesaria y ampliamente posible en las sociedades democráticas con libertad de expresión, asociación y manifestación asentadas, se hubiera inscrito en la lucha por superar las limitaciones del Estado, impulsando, defendiendo y *estatalizando* las formas organizativas creadas en dicha lucha, aunque tuvieran inicialmente carácter sectorial. Es decir la lucha por hegemonía (político-cultural) que es uno de los mecanismos de Subyugación Ideológica del sistema social, se convierte en mecanismo imprescindible del proceso de trasformación, siempre y cuando se inscriba en la lucha global por el cambio de Estado.

3. AMPLIAR LA DEMOCRACIA PARA TRASFORMAR LA SOCIEDAD

En las sociedades capitalistas desarrolladas la democracia se ha consolidado como la forma de gobierno más eficiente para resolver los problemas que nacen en su seno debido a la naturaleza dinámica del propio sistema (contradicciones internas) Que es fruto de la lucha ciudadana por las conquistas políticas y contra las formas autoritarias de dominación resulta evidente. Lo paradójico es que dicha implantación de la democracia ha posibilitado como nunca el desarrollo capitalista, al tiempo que está creando las condiciones de su superación. Así, la estructura de clases en el capitalismo desarrollado, mayoritariamente de servicios y financiero, ha sufrido una trascendente evolución: de la forma *solida,* característica del capitalismo industrial, con una clase obrera claramente delimitada, tanto en su papel en el sistema productivo como en su ubicación física en los lugares de trabajo, que eran tanto el espacio de explotación como de socialización (conciencia de clase), se ha pasado a un estado *gaseoso,* donde las clases oscilan entre distintas capas y formaciones sociales, todo ello en un ámbito donde se conjugan lo físico con lo virtual (espacio de trabajo localizado y redes) Esta *movi-*

lidad es una de las características más significativa del sistema social capitalista desarrollado, que incluye, cada vez en mayor medida, formas innovadoras de creación de riqueza (economía solidaria, economía colaborativa, gestión participativa, alternativas monetarias, bancos de tiempo, economía digital, industrias de la creatividad, etc.) Todo ello configura unas novedosas y cambiantes relaciones de producción y la subsiguiente conformación de capas, estratos y *agregados,* en las clases sociales. Esta nueva realidad del capitalismo desarrollado, cuya base industrial sigue siendo, sin embargo, un pilar fundamental, se inscribe a su vez en una economía globalizada que exige también cierto nivel de *movilidad,* tanto laboral como empresarial, tanto vertical como horizontal. Por lo que no es de extrañar que se trate por todos los medios de despejar el camino a dicha *movilidad,* desregulando en lo económico, y mediante reformas del mercado del trabajo en lo laboral, arremetiendo directamente contra las posiciones conquistadas por el movimiento obrero para garantizar el puesto de trabajo y el salario vinculado a la negociación colectiva. Los ataques a los sindicatos, que nunca han desaparecido, se han incrementado últimamente, presentándoles como organizaciones burocráticas y corrompidas, y una rémora para el crecimiento económico.

Pues bien, en esta situación, cuando el sistema social capitalista entra en crisis, la *presión* social sobre el estado *gaseoso* de la estructura de clases lo *licua*[15] *(*la *solidificación* implicaría inmovilidad de clases, imposible en un sistema dinámico como es el capitalista) lo que permite una respuesta más unitaria a la crisis y a las salidas propuestas por los neoliberales. Es decir, la lucha política y social adquiere una dimensión nueva, más *trasversal,* donde una amplia mayoría de la sociedad está interesada en superar la crisis, sin que dicha salida suponga pérdida de derechos y calidad de vida. Este hecho permite, sin voluntarismos ni tactismos, plantearse el papel de la democracia en la trasformación socialista de la sociedad como un mecanismo capaz de conducir un sistema social del estado en que se halla a un nuevo estado final, más valioso para la mayoría de la ciudadanía.

Antes de verlo más en detalle, conviene hacer algunas precisiones teóricas sobre la naturaleza de la democracia y su papel en la sociedad.

3. 1. DEMOCRACIA, UNA CONQUISTA PERMANENTE

En la historia de la humanidad, la democracia ocupa un tiempo muy pequeño, concentrándose fundamentalmente en los últimos cien años, con excepción del extraordinario periodo ateniense, donde nace como forma de gobierno, una excepcionalidad histórica que duró 186 años (508 - 322 a. C) Solo la disolución y crisis de la sociedad feudal y el absolutismo monárquico, con la irrupción de las revoluciones americana y francesa, propició el desarrollo de la democracia en los países más avanzados. Los avatares de la democracia son bien conocidas para que merezca la pena hablar más de ello. Basta señalar que la lucha por la democracia ha caracterizado el periodo histórico que abarca desde el siglo XVIII a nuestro tiempo, implicando en esta lucha a las clases populares, bajo la dirección de la burguesía, en la conquista de sus derechos. Este carácter histórico, vinculado a la lucha contra las monarquías absolutas, se manifiesta en las distintas concepciones de la democracia y su alcance, primero teóricamente entre los pensadores de la Ilustración, y luego políticamente en sus concreciones fácticas y jurídicas. Por ejemplo, hasta el siglo XX muchos teóricos propugnaron una democracia *mixta* frente a la democracia *pura.* Argumentaban los primeros, como el parlamentario inglés Algerson Sidney (1623 - 1683) que *"si se afirma que aquellas formas de Estado en las que predomina la parte democrática se equivocan en la elección de los hombres más frecuentemente... que aquellas en que predomina la aristocracia, yo estoy de acuerdo con ello"* Hasta Rousseau, gran teórico de la soberanía popular, dudaba de las posibilidades de la democracia pura en su tiempo. Así, en su Proyecto de Constitución para Córcega (1765) recomendaba a los habitantes de la isla mediterránea una constitución mixta. El revolucionario francés François Babeuf (1760 - 1797), en *La Conjuración de los Iguales,* condenaba la corrientes predominantes, fundamentalmente jacobinas, por antidemocráticas y las oponía su concepto de democracia *igualitaria,* primera formulación comunista moderna. Alexis de Tocqueville (1805 - 1859) por su parte, al analizar la democracia americana, mostraba los peligros del proceso de democratización: tiranía de la mayoría, supresión de la división de poderes, nivelación de la educación, extensión de la mediocridad. Los revolucionarios de 1848 promovieron en Francia la primera tentativa de una democracia basada en el sufragio universal frente a las restricciones de todo tipo (propiedad de la tierra, pagar impuestos, raza, sufragio censatario, sufragio indirecto, sufragio múltiple, etc.) Su fracaso supuso un doble proceso de diferenciación en los movimientos progresistas. Por una parte, los liberales se separaron de los demócratas -la palabra democracia les estaba prohibida- por otra, se enfrentaron los demócratas burgueses de los proletarios, proceso que Karl Marx analizó agudamente en su *El 18 brumario de Luis Bonaparte.*

Simplificando, la democracia ha sido el campo de lucha entre nobleza y burguesía primero (con el apoyo determinante del pueblo) y de las clases populares contra las limitaciones burguesas después (derecho de voto, libertad de expresión y asociación, etc.) hasta alcanzar un nivel de realidad democrática tan amplio como el propio sistema social capitalista permite: democracia representativa, con algunas formas participativas limitadas y subordinadas. Democracia basada en el sufragio universal que se convierte en patrimonio de toda la sociedad. Es decir, la democracia moderna, en tanto que fruto de la lucha por su universalización, se convierte en un valor *universal,* aunque limitado por las exigencias de dominio del sistema social capitalista. En ese sentido, es la forma más genuina de articulación de la lucha política, y un poderoso mecanismo de trasformación social, lo que incluye su defensa contra los intentos reductores y las leyes restrictivas que se tratan de imponer cuando el sistema social se pone en cuestión en situaciones de crisis.

Ahora bien, esta conquista, que es requisito imprescindible para el cambio político y la trasformación socio-económica por vías democráticas, no significa que la democracia parlamentaria, basada en el sufragio universal, deba ser considerada la meta finalmente alcanzada, y sirva sin más para trasformar la sociedad en el sentido socialista. Esta conquista histórica tiene sus limitaciones, expresión de la sociedad en la que se ejerce. El sistema productivo capitalista exige, y ésta fue una de las motivaciones fundamentales de la lucha antifeudal, armada ideológicamente por la Ilustración, la existencia de empresarios y obreros *libres,* es decir, sujetos tan sólo a la ley del mercado, que es a su vez máxima expresión de libertad burguesa. Que el empresario pueda comprar la fuerza de trabajo en el mercado, sin las cortapisas y corsés feudales, y que el trabajador pueda, también libremente, sin las restricciones gremialistas, ofrecer su trabajo en el mercado. Unos y otros, empresarios y trabajadores, aparecen libres e iguales como factores económicos. Todo lo que pueda perturbar esa dimensión, lo que introduzca una alteración del sistema de mercado, es considerado un atentado a la libertad. De ahí que los revolucionarios jacobinos, tan interesados en lograr la plena libertad e igualdad para todos los ciudadanos, persiguieran a las incipientes asociaciones obreras que luchaban por las subidas salariales y mejoras en las condiciones de trabajo, por considerarlas un grave atentado a la libertad. Este espíritu sigue latente, bajo una u otra formulación ideológica, en nuestro tiempo. Se manifiesta, por ejemplo, en la oposición del *derecho a trabajar* frente al derecho de huelga, con el que se trata de restringir este último mediante regulaciones legales y administrativas.

La igualdad resulta igualmente fundamental en la relación de mercado capitalista. Igualdad que exige el intercambio de los factores económicos (trabajador y empresario) y sin la cual todo trueque perdería irremediablemente su carácter económico para convertirse en una relación de poder al estilo feudal. Pero en esta igualdad, como analizó Marx[16], se esconde no sólo la desigualdad que condiciona la posición social de los concurrentes, sino una auténtica usurpación; porque lo que se intercambia en el mercado de trabajo, si bien son o pueden ser (en un mercado ideal) magnitudes similares, una de ellas, precisamente la que corresponde al asalariado (la llamada fuerza de trabajo) tiene una característica especial, la peculiaridad de producir más valor que el inicialmente cambiado (plusvalía) En esta peculiaridad estriba, ni más ni menos, la esencia del sistema productivo capitalista. Y dado que esta peculiaridad es también un factor económico, en la medida en que es usurpado, la desigualdad que encierra -o si se quiere, en el lenguaje clásico, la explotación que contiene- necesita mantenerse mediante factores extraeconómicos, en el área de lo político. Afecta, por lo tanto, a la realidad democrática. Por eso Marx pudo afirmar que el trabajador donde es libre, resulta esclavo, y donde es igual, explotado. Esta relación se basa en la exigencia de mantener la apropiación privada del fruto de trabajo por de los empresarios, y tiene que organizarse socialmente como sistema de poder en el que los contenidos económicos, las relaciones de producción para ser más exacto, se aseguren contra la dimensión política de la libertad e igualdad teóricamente *universales* de la democracia. Perder su dimensión puramente económica (mercancía) es para el trabajador recuperar su humanidad, dimensionarse como agente político, verdaderamente libre e igual. Liberarse de la *libertad* del mercado es la única forma de ser libre.

3. 2. DEMOCRACIA Y SOBERANÍA

¡La soberanía *reside* en el pueblo y la *ejercen* sus representantes en el Parlamento! He aquí el fundamento *universal* de la democracia moderna. El problema surge cuando buceamos en tan bello principio y vemos como históricamente se manifiesta en la realidad. Desde la definición de *pueblo,* hasta el concepto de *representante,* así como el mecanismo de *elección,* nada ha sido siempre tan *neutro* como presupone el principio *universal*. La realidad social carga de contenido los principios generales ideológicos, algunas veces hasta darles la vuelta en la práctica.

En primer lugar, el concepto es más antiguo de lo que se cree. En Atenas, el pueblo (*demos*) era aquel que ostentaba el poder en la Ciudad Estado (*ciudadano*), pero de tal concepto y papel estaban excluidos la mayoría de la población (niños, mujeres, esclavos, extranjeros) Es significativo que una mente como Aristóteles, que apreciaba por encima de todas las formas de democracia la de la *gente que vive de la agricultura y ganadería*[17] abominara de la *democracia externa... en la que todos, sin excepción, están en posesión de los derechos cívicos,* por el peligro de la aparición de ese componente inevitable de toda democracia: el demagogo. Pero no debemos olvidar que la política exigía la existencia del trabajo esclavista que liberaba a los ciudadanos de la polis de laborar. La democracia se sustenta en el trabajo ajeno que permite *especializarse* a los representantes, lo que origina no solo demagogos, sino *profesionales* de la política, una *casta*, que trata de perpetuarse como oficio. Los políticos se *hacen necesarios*. Esta *división del trabajo* sería superada en el socialismo, una sociedad futura, y en ese sentido *utópica*, en la que la *labor* la realizarían robots y **todos** los ciudadanos podrían dedicarse a la *política* y el ocio creativo. La actividad laboral estaría programada por ordenadores controlados por especialistas elegidos por la ciudadanía. Pero dejemos de soñar y avancemos.

Las revoluciones burguesas, americana y francesa generalizaron el concepto de *pueblo* hasta abarcar a la mayoría de la población, en cuyo nombre se legislaba. Pero incluso en sus orígenes estuvo limitada a las clases adineradas. En las primeras etapas de los EE.UU. la ciudadanía estaba regulada, dado el carácter esencialmente emigratorio de su población, y excluía a nativos, mujeres y esclavos. Una mayoría de los estados limitaron el voto a los hombres blancos con cierto poder adquisitivo, o una determinada cantidad de tierra en propiedad. Los esclavos, nativos americanos y mujeres quedaron excluidos del voto hasta épocas posteriores. El sufragio era censitario (lo fue en la mayoría de las democracias a lo largo del siglo XVIII y XIX) por el que se restringía el derecho a voto a los que detentaban ciertas particularidades exclusivas, fundamentalmente de naturaleza económica, y por ende sociales y educacionales, las únicas que podían inscribirse en el censo electoral. En la Francia revolucionaria, los representantes a la Asamblea Constituyente fueron elegidos solo por hombres mayores de 25 años que pagaran impuestos. Finalmente, la consideración de la mujer como ciudadana con pleno derecho de voto es una conquista social del siglo XX.

En cuanto a la *soberanía*, ya en la Edad Media se aceptaba, al menos teóricamente, que el poder derivaba del pueblo, aunque este concepto de soberanía del pueblo se traducía en que el pueblo *delegaba* su poder en un príncipe (monarca) encargado de velar por él. La idea cobra fuerza y contenido, tras las aportaciones teóricas de la Ilustración, en la guerra de independencia norteamericana. Una primera exposición moderna podemos encontrarla en el artículo 2 del Virginia Bill Rights, de 1776, donde puede leerse: *Todo poder corresponde al pueblo, y, según eso, se deriva de él. Los funcionarios son albaceas y servidores, y, en todo momento, responsables ante él.* Sin embargo, en el ejercicio de la soberanía, los derechos democráticos se subordinaban a una serie de limitaciones (propiedad de la tierra, inclusión en el censo de impuestos, color de la piel, sexo, edad), como ya hemos visto. Sin olvidar que Virginia era un estado esclavista. El concepto de *soberanía* se amplia con la Revolución Francesa, y llega hasta nuestros días, recogido en todas las constituciones modernas donde la articulación de la voluntad popular está ligada al sistema representativo, y el principio de la mayoría es limitado a fin de proteger a las minorías. La *soberanía* se manifiesta como *poder constituyente* del pueblo soberano. En Europa, la primera Constitución que consagró plenamente la democracia burguesa mediante el ejercicio revolucionario del *poder constituyente* del pueblo fue la de la II República en Francia, en 1848. Tuvo, sin embargo, poco éxito. Acabó con ella la dictadura de Napoleón III, apoyado en los monárquicos liberales y conservadores que veían alarmados el movimiento social que había desencadenado aquella república democrática. Es significativa la frase de François Guizot (1787 - 1874) líder de los "doctrinarios" y primer ministro de Luis Felipe de Orleans: *el caos se oculta hoy en la palabra democracia.*

Pero quien mejor ha definido el carácter de la *soberanía* popular es Abraham Lincoln. En la inauguración del cementerio nacional de Gettysburg, el 19 de diciembre de 1863, pronunció una de las frases más repetidas a la hora de hablar de la democracia moderna : ... *that the goverment of de people, by the people, and for the people...* (*es el gobierno del pueblo, por el pueblo y para el pueblo*) La Democracia Ampliada, mecanismo fundamental para la transformación socio-económica, como veremos más adelante, es la realización de este ideal republicano.

Democracia en la que *el, por, y para* adquieren pleno significado.

Aunque la teoría de la *soberanía* popular atribuye al pueblo derechos constituyentes, este poder soberano se ejerce por medio de representantes electos. La forma directa de ejercer el poder soberano del pueblo, cuando se da, solo tiene un valor complementario y circunstancial, mediante la celebración de referéndums e iniciativas legislativas, cuya máxima expresión es Suiza. La elección de los representantes del pueblo en las instituciones del Estado es uno de los mecanismos por los que se mantiene el control de la democracia dentro del marco del sistema social

Así pues, la cuestión esencial de la *soberanía* no estriba en donde reside, sino quién o quiénes la ejercen. En una palabra, se trata del problema fundamental del *poder*. La democracia no puede trascender el sistema de relaciones de poder que constituyen el entramado de la sociedad civil, sin entrar en crisis el sistema institucional.

3. 3. DEMOCRACIA Y REPRESENTACIÓN

La democracia es un aspecto (nada más, pero nada menos) de la *libertad*, su dimensión *política*. En concreto, de la libertad de participar en la formación de la voluntad política. La democracia de la antigüedad griega era una democracia directa, aunque con algunos aspectos representativos. Pero la formación de la voluntad de la polis apenas estaba influida por la idea de la representación. El desarrollo de las naciones y la complejidad de los temas a debatir en las sociedades modernas impuso la forma representativa (con todas sus variaciones y subtipos) de democracia, aunque perviven o se incorporan mecanismos de democracia directa como la iniciativa legislativa y referéndum (plebiscitarios, consultivos, revocatorios) como ocurre en Suiza y numeroso estados de EE.UU., también, aunque muy limitado, en España[18]. Pero este carácter representativo no tiene, como pretenden los teóricos de la democracia parlamentaria, como objetivo *defender* -y ejecutar- los deseos del pueblo, sino *interpretarlos*. Los representantes electos se convierten en administradores únicos de la soberanía, en su voluntad y voz. El resultado es la *absorción* del poder ciudadano por el parlamento, sujeto al control exclusivo de las siguientes elecciones, momento en el que el pueblo recupera el ejercicio efectivo de su soberanía. Así tenemos que la democracia representativa es tanto una necesidad funcional en las sociedades desarrolladas como un mecanismo que salvaguarda el sistema de las turbulencias propias de dichas sociedades. Sin duda, el menos malo de todos los sistemas políticos, hasta ahora, en el marco del sistema social capitalista. Otra cosa es que sirva tal cual, sin cambios estructurales profundos, para trasformar el modelo de sociedad hacia un sistema social de carácter socialista.

En la democracia parlamentaria el poder se materializa en *élites delegadas* que ejercen la soberanía en el nombre del pueblo, y sólo pueden hacerlo en la medida en que el pueblo deja de ser efectivamente *soberano,* aunque teóricamente mantenga la titularidad. El poder ejercido por unas élites especializadas no puede considerarse nada más que como el *usufructo* de la soberanía popular. De ahí que el pueblo soberano pierda su soberanía al ejercerla, en el acto político de *delegar*.

3. 4. DEMOCRACIA Y SOCIALISMO

El proceso democrático al socialismo necesita como *conditio sine qua non* que una mayoría de la sociedad, fundamentalmente trabajadores, empleados, autónomos, funcionarios, pensionistas, etc. junto al apoyo o neutralidad de pequeños y medianos empresarios, sientan la necesidad de transformaciones en el sistema productivo capitalista, los consiguientes cambios en las relaciones de producción (de propiedad y trabajo), y apoyen la creación de nuevos mecanismos institucionales para llevar a buen término dicha transformación. La creación de ese bloque social es la tarea política fundamental de la izquierda socialista, que solo podrá conseguirlo si las condiciones materiales alumbran la *necesidad* de transformación y la *conciencia* de esa necesidad se manifiesta políticamente como hegemonía. La revolución digital y la democracia determinan tanto la *necesidad* como la *posibilidad* de trasformación del sistema social capitalista.

Ahora bien, resulta imposible plantearse la transformación socialista de la sociedad sin *desbordar* el marco operativo e institucional de la democracia parlamentaria; es decir, estando atados al mecanismo de *delegación* política que caracteriza a la democracia parlamentaria. Por el contario, y no solo para vencer resistencias inevitables del sistema a ser trasformado, sino como forma necesaria de trasformación, la ciudadanía debe retener permanentemente la *soberanía* -sin que esto excluya, bien al contario, instituciones representativas electivas- ya que su participación activa es necesaria para que dicha transformación pueda realizarse. Es lo que confiere al sistema social socialista su específico y profundo carácter democrático, bajo la forma de Democracia Ampliada.

El socialismo es esencialmente democrático en la medida en que supera las limitaciones históricas de la democracia representativa *delegada*. Este estadio superior de la democracia exige, como todo tipo de democracia, una estructura estatal específica, ya que la democracia política sólo es posible en el marco de la estructura estatal. De ahí que, como hemos venido reiterando, la Democracia Ampliada propia de un sistema social socialista requiera la creación (proceso constituyente) de un Estado en el que la participación directa ciudadana tenga un papel determinante, en conjunción con las instituciones representativas delegadas. Es más, las estructuras representativas deben estar expuestas a la acción directa de la ciudadanía, no sólo gracias a mecanismos formales como los mencionados de iniciativa legislativa, refrendos, etc. ya existentes, sino mediante mecanismos básicos de control social como el *derecho* de *renovación* (promover elecciones) y *revocación* (destituir cargos y representantes electos) En resumen, la democracia parlamentaria propia del sistema capitalista, en cuanto conquista histórica de la sociedad, posibilita el acceso al poder de las clases populares, pero necesita *ampliarse* para posibilitar la transformación del sistema capitalista en un sistema socialista. Ampliación que se fundamente en el ejercicio permanente de la *soberanía*, conjugando las instituciones representativas electivas con las instituciones de democracia directa.

3. 5. DEMOCRACIA DIRECTA Y DEMOCRACIA AMPLIADA

La democracia directa es condición e instrumento de liberación y transformación de la sociedad, lo mismo que la democracia representativa en la sociedad capitalista es condición e instrumento de su permanencia. No hay democracia por encima de sistema social, ni la mayor libertad formal deja de ser una dominación si a la mayoría de la sociedad se ve obligada al trabajo asalariado como única forma de existencia social.

Todo sistema productivo y sus relaciones de producción se manifiesta socialmente como organización política (estatal en sentido amplio) que expresa una determinada plasmación de la libertad. Durante el período histórico de la sociedad dividida en un sistema de clases (y los subsistemas de grupo, corporación, especialización, etc.) en cualquiera de las formas que adopte, la libertad está indisolublemente ligada al dominio de una parte minoritaria (propietaria de los medio de producción) sobre el resto, y se ejerce mediante distintas formas, desde la dictadura, hasta la democracia, pasando por las formas de autoritarismo. De ahí que la democracia en el sistema social capitalista tenga sus límites, condicionantes y exigencias. Es natural que en un sistema basado en la división social en clases, que tienen que enfrentarse en el sistema productivo como agentes *libres* concurriendo en el mercado *libre* capitalista, tienda a expresarse en la pluralidad política para manifestar la *libre* voluntad popular. Esta característica ha permitido, no sin lucha, la existencia de organizaciones políticas y sindicales de las clases asalariadas y, consecuentemente, la posibilidad de ampliar el marco jurídico e institucional de la democracia. La cuestión de sus límites se plantea cuando, como henos visto, se pone a la orden del día la posibilidad de trasformación socio-económica del sistema social. En la batalla entre lo viejo que se resiste a desaparecer y lo nuevo que pugna por nacer, surgen nuevas formas de democracia, basadas en la participación directa de la ciudadanía. Estas formas son, fundamentalmente, formas de democracia directa que van más allá del ejercicio de mecanismos conquistados como la incitativa legislativa y los refrendos. En realidad, las formas de democracia directa que alumbra la lucha por el cambio y trasformación social tiene mas que ver con formas organizadas de poder alternativo, primero *de facto*, y finalmente *de jure*, que deben terminar integrándose institucionalmente en la nueva conformación estatal. Es lo que ocurre cuando los movimientos sociales no sólo expresan su repulsa ante las políticas gubernamentales que atentan contra las conquistas sociales mediante movilizaciones, sino que se autoorganizan como cuerpos de debate, decisión y ejecución, tanto para las movilizaciones como en la elaboración de propuestas de política sectorial. Y, llegado el caso, de control de su ejecución. El carácter asambleario, de participación directa, no exige, como antaño, la presencia física de los integrantes del movimiento social, sino que es posible la participación *virtual* gracias a las nuevas tecnologías de la revolución digital, lo conexión en *red* y la toma de decisiones por internet (tal como ocurre, por ejemplo, con el voto por internet en Estonia, Bélgica, algunos estados de EE.UU. e India, y localmente en Canadá, Suiza, Perú, etc.) Este sistema de participación directa en la vida política y social -en forma de movilización y autoorganización- inicialmente en los márgenes del sistema institucional, se convierte finalmente en una de las características fundamentales de la Democracia Ampliada, donde el papel de las instituciones representativas electivas se articula constitucionalmente con la democracia directa institucionalizada (*parlamento virtual*). Por ejemplo, la tarea legislativa se convierte en *co-*

participación legislativa. Así, cualquier ley de cierta trascendencia social que se debata en el Parlamento deberá someterse paralelamente a discusión ciudadana en la *nube* (Parlamento Virtual) al que podrán acceder todos los ciudadanos con plenas garantías de libertad y seguridad. Evidentemente, al menos durante un largo periodo histórico, la promulgación de las leyes será tarea del Parlamento representativo. Pero si sus acuerdos no coincidieran con el sentir mayoritario de la ciudadanía expresado en el Parlamento Virtual, debería dirimirse el desacuerdo mediante posterior refrendo popular. El funcionamiento de la Democracia Ampliada garantiza que el carácter *electivo* de los presentantes no usurpa la *voluntad ciudadana* (entre elecciones) sin menoscabo de sus atribuciones legislativas y de control constitucionales. Y que la *soberanía popular* tiene un cauce permanente y universal de expresión directa, no simplemente delegada. Naturalmente, estos son principios generales, cuya plasmación concreta dependerá del proceso histórico. Avanzar más sería adentrarse en el terreno siempre fantasioso de la política-ficción.

4. DESIDERATA SOCIALISTA

No quiero acabar sin unas palabras sobre ética y el rol que juega tanto en la trasformación del sistema social como en la nueva sociedad socialista. Soy consciente de que los temas morales suelen, y con razón, crear suspicacias. Demasiado reciente está el pretencioso deseo -y su nefasta ejecución- del crear un *hombre nuevo* que expresara la superioridad del socialismo real. En el campo de la ideología capitalista y su desiderata, la moralidad se ha centrado en el derecho a la propiedad privada y la garantía de la libre concurrencia, sustituyendo las virtudes teologales de *fe, esperanza y caridad* por las ilustradas de *conocimiento, trabajo y beneficio*. Me atrevo a señalar que en la sociedad socialista serán los de *ciencia, bienestar y solidaridad*. Es decir, conocimiento libre de superstición basado en el método científico, trabajo orientado a la obtención del bienestar social, incluyendo el respeto al medio ambiente, y redistribución de la riqueza como garantía y fundamento de la igualdad y solidaridad.

Para ello es necesario librar a la ética de su connotación idealista del hiato ser - deber ser. Se trata de fundar una ética científica, fruto de la sociedad en la que surge, expresión de los desiderata de dicho modelo de sociedad, entendiendo los desiderata no como valores aislados; por el contario, conforman un sistema en la que unos se apoyan en otros, de forma que la justificación de uno de ellos involucra al resto. Así, la idea moral de que *lo que es bueno para la economía también lo es para el individuo*, característica de la moral capitalista, es falsa, como demuestra las políticas de *austeridad* que mejoran los índices macroeconómicos a costa de la pobreza de una parte de la sociedad. Por no hablar de gastos suntuarios, inversiones especulativas, etc. Sin embargo, revistas de economía como The Economist elogian y justifican las políticas económicas y empresariales que provocan desocupación, bajo pretexto de que favorecen la productividad.

La realidad es que existen verdades y falsedades morales bajo el manto de una ética que se quiere universal. Las normas morales son pautas *biosociales*, de modo que los predicados éticos no son reductibles a predicados naturales y, mucho menos, sobrenaturales.

Y si existen verdades y falsedades morales es que existen *hechos morales*, lo que presupone que la verdad moral es tan fáctica como las verdades de la física, de la biología o de la historia. Como señalaba Einstein, *los axiomas éticos se encuentran y ponen a prueba de manera no muy diferente que los axiomas de la ciencia.*

Tal como afirma el filósofo y científico Mario Bunje[19], a toda teoría moral cabe exigirle:

- *Coherencia lógica interna (no contradicción)*

- *Coherencia externa; es decir, compatibilidad con el grueso del saber científico y técnico acerca de la naturaleza humana y de las instituciones.*

- *Capacidad de dar cuenta de códigos morales viables (o sea, vivibles).*

- Utilidad parea proponer principios morales y éticos, junto con reformas sociales que garanticen el ejercicio del juicio moral.

- Capacidad para resolver problemas morales y zanjar disputas éticas.

Desde esta perspectiva podemos analizar científicamente las teorías éticas imperantes (formalismo, utilitarismo, iusnaturalismo, emotivismo, etc.) y comprenderlas desde un punto de vista histórico, como manifestaciones de la realidad social donde actúan instrumentos de su defensa. En el caso de las sociedad capitalista, la moral parte del presupuesto (más o menos explicito) de que solo existen individuos y no sociedades (Margaret Thatcher *dixit*) y que somos básicamente egoístas, por lo que el mejor sistema social es el que promueve y facilita la búsqueda del provecho personal.

Por el contrario, una ética socialista, cuyo desiderata es una sociedad democrática realmente libre, de ciudadanos iguales y solidarios, donde rige el principio de *cada cual, según sus capacidades; a cada cual, según sus necesidades,* y organizada científicamente para la obtención prioritaria del beneficio social, exige ajustar las acciones a las normas que garanticen la eliminación de la violencia, la opresión y la explotación. Porque no podemos olvidar que una ética puramente formal, que no tenga en cuenta las naturaleza del sistema social concreto, puede ser más dañina que la falta de un sistema coherente de normas morales, y resultar inviable para orientar éticamente la lucha por una sociedad mejor. Sin olvidar que no existe código moral ni teoría ética capaz por si solas de garantizar el comportamiento recto y justo. Solo su inserción en la lucha por la mejora de la sociedad tiene sentido una ética liberada de las justificaciones idealistas y los dogmas religiosos, que encubren la naturaleza injusta de las sociedades basadas en la explotación. La moral, en cuanto que forma parte de la estructura social, es un campo fundamental de lucha ideológica y un poderoso instrumento cohesionador de las fuerzas progresistas.

ANEXO

PROPUESTA PROGRAMÁTICA ESTRATÉGICA PARA LA TRANS-FORMACIÓN SOCIAL

Después de siete años de crisis parece evidente que su alcance afecta a todos los aspectos del sistema social capitalista y sus mecanismos de dominación, desde el económico, donde las políticas de *austeridad* no han conseguido resolver los graves desajustes (déficit, deuda) pese al alto coste en paro y degradación de las relaciones laborales, hasta lo institucional, manifestado en una perdida de la confianza ciudadana en el sistema representativo y en los grandes partidos, pasando por lo social, con un aumento sin precedentes de la desigualdad, la exclusión y el deterioro de los servicios públicos. Una situación cuyo horizonte se prolongará durante años según las propias estimaciones del gobierno y organismos internacionales. Por eso, la respuesta política debe ir a las raíces de la crisis, ofreciendo a la ciudadanía propuestas de salida que permitan, a su vez, la creación de las condiciones para superar el propio sistema capitalista.

A modo de resumen programático, propongo algunas medidas estratégicas fundamentales que deberían constituir el núcleo de una alternativa política con vocación trasformadora, en línea con los aspectos teóricos desarrollados en el presente trabajo. Medias que un gobierno, con la mayoría política suficiente, y apoyándose en la movilización ciudadana, debería tomar para garantizar que dicha transformación del sistema social capitalista puede realizarse en el marco del Estado de Derecho mediante un Proceso Constituyente, donde también se deberían abordar otros temas como el de la organización territorial.

Un programa de mínimos para la trasformación del sistema social debería incluir, al menos, las siguientes medidas:

- **Control Democrático del Mercado**, mediante su regulación y digitalización.

- **Sector Público** que abarcaría el sistema financiero (banca estatal) energía, in fraestructuras, trasportes, I+D+1, presta ciones sociales, etc.

- **Plan de Desarrollo Estatal,** que per mita planificar científicamente el crecimiento económico sostenible, con especial hincapié en sectores de futuro como energías alternativas, industria digital, internet de alta velocidad (pleno y libre acceso a la red), etc.

- **Constitución Democrática** que consagre la efectiva soberanía popular, los derechos y libertades públicas, los derechos humanos y los derechos sociales, así como la integración de las naciones del Estado Español bajo la formula de República federal, con la posibilidad de que las nacionalidades históricas puedan acceder a la fórmula de Estado Libre Asociado.

- **Democracia Directa** integrada en el sistema democrático estatal, junto con el sistema parlamentario representativo.

- **Derecho de Revocación** de todos los cargos elegibles a todos los niveles.

- **Parlamento Virtual**, abierto a todos los ciudadanos, para la participación colectiva permanente en la vida política.

- **Blindaje Constitucional de los Derechos Sociales** (educación, sanidad, vivienda, dependencia, etc.) que no deben estar condicionados por otros compromisos como la deuda soberana y la estabilidad fiscal, así como de una Renta Mínima Asegurada para cubrir las necesidades vitales de todos los ciudadanos que no alcancen un nivel de ingresos suficiente para llevar una vida diga, y mientras dure su situación.

La concreción de un programa de gobierno completo, con las medidas económicas, políticas y sociales más urgentes y posibles dentro del marco de la integración en la UE y el Eurogrupo, dependerán de la correlación de fuerzas nacional e internacional, de la política de alianzas y de la movilización social. No será fácil, porque muchas de las medidas que habrá que tomar son novedosas, y no contamos con suficiente experiencia histórica que las abalen. Sin embargo, las condiciones materiales, básicamente la sociedad de la información y la economía del conocimiento, están ya listas o se están creando ante nuestros ojos. Estamos solo en los albores de una gran revolución tecnológica digital cuyos efectos sociales, económicos y políticos es difícil prever. Falta que la ciudadanía alumbre una nueva forma de organizarse, cooperar y hacer política. Pero la historia no admite atajos. Tras la lucha contra la dictadura llegó la libertad, luego cayó el muro de Berlín y con él, el paradigma del *socialismo real*. En todo este tiempo la sociedad ha avanzado enormemente en derechos y riqueza, pero la naturaleza del sistema capitalista sigue siendo la misma: la obtención privada del máximo beneficio... !caiga quien caiga¡ Ese motor de desarrollo ya no da para más, y cada vez que se gripa las consecuencias sociales son dramáticas. Es tiempo de plantearse otra forma de producir y distribuir la riqueza, de acceder y actuar en la política, y de garantizar el bienestar social a todos.

NOTAS

[1] La razón populista. Ernesto Laclau. Fondo de Cultura
Económica. 2005

[2] John Langshaw Austin. Cómo hacer cosas con palabras: Palabras y acciones. Paidós, 1982.

[3] Concepto matemático utilizado en ciencias naturales
para hallar soluciones desde los datos del problema,
expresados en la fórmula d = G(m) En la sociedad todos
los problemas son *inversos no lineales*, como las crisis
económicas. De ahí que sean irresolubles o tener distintas soluciones. Son irresolubles en el marco del sistema
capitalista, por lo que solo queda superar dicho marco
capitalista o aceptarlas como inevitables, y procurar, en
el mejor de los casos, paliar sus efectos. Son las opciones
reformista y revolucionaria (para una ampliación del
concepto.Ver:
https://grupobunge.wordpress.com/2006/07/20/119/

[4] Ver: Jeremy Rifkin. El Fin Del Trabajo. Paidós. 2014.
En el se estudia el actual aumento de desempleo, a escala
mundial, las mayores desde la gran depresión de los
años 30. El número de personas infraempleadas o que
carecen de trabajo está creciendo a un ritmo vertiginoso,
fenómeno que Rifkin achaca a la nueva revolución tecnológica: los ordenadores, la robótica, las telecomunicacio-
nes etc., están sustituyendo a los seres humanos en la
mayor parte de los sectores económicos, trátese de los
procesos de fabricación, de la distribución al por menor,
del transporte, de la agricultura o de las diferentes actividades funcionariales. Lo que no analiza es el impacto
sobre la capacidad, hasta hoy desconocida, de crear riqueza y generar un nuevo tipo de trabajador en unas

nuevas relaciones de producción socialistas. De ahí cierto pesimismo implícito en las tesis de Rifkin.

[5] Ver Thomas Piketty. El capital en el siglo XXI. Fondo de Cultura Económica, 2014. Los daros empíricos son demoledores, pero Piketty se guarda mucho de sacar conclusiones políticas.

[6] Eden Medina: *Revolucionarios cibernéticos: Tecnología y política en el Chile de Salvador Allende* (LOM Ediciones)

[7] A este respecto resulta interesante, aunque discutible en muchos aspectos, el libro de Jeremy Rifkin, La Era Del Acceso (Estado y Sociedad) Paidós. 2013.

[8] El libro *EU am Ende? Unsere Zukunft jenseits von Kapitalismus und Kommandowirtschaft*, puede adquirirse en: www.amazon.com/Zukunft-jenseits-Kapitalismus-Kommandowirtschaft-ebook/dp/B006FKS3Z8. La obra *Der Sozialismus des 21. Jahrhunderts: Wirtschaft, Gesellschaft und Demokratie nach dem globalen Kapitalismus* de Heinz Dieterich. Homilius, 2006.

[9] El interesado puede encontrar abundante información en: www.scienceandsociety.com y en criticalpoliticaleconomy.net.

[10] Existen numerosos estudios sobre los movimientos sociales, como los de Benjamín Tejerina (La sociedad imaginada) Luís E. Alonso y Rafael Ibáñez (Los nuevos movimientos sociales) y los trabajos de Tomás Albrich entre otros.

[11] Un trabajo interesante es : Heinz Dieterich. La Democracia participativa. El socialismo del siglo XXI. Gara Egunkaria, 2006.

[12] Werner Heisenberg: Physik und Philosophie, 1958.

[13] La supremacía de un grupo social —escribe Gramsci- se manifiesta de dos modos, como *dominio* y como *dirección intelectual y moral*. La hegemonía como complemento de la teoría del Estado-fuerza. Un grupo social debe ser dirigente antes de conquistar el poder guberna-

tivo, una de las condiciones principales para la propia conquista del poder (Quaderni del carcere)

14 "...en la (guerra de posiciones) se exigen cualidades excepcionales de paciencia y de espíritu de inventiva. En la política el asedio es recíproco, pese a todas las apariencias...la guerra de posiciones la hacen grandes masas que solo con grandes reservas de fuerzas morales pueden resistir el desgaste y solo una habilísima dirección política puede impedir la disgregación y la derrota" (Quaderni del carcere)

15 Estos términos son simples metáforas, y no implican *fisicismo* alguno.

16 «El poseedor de la fuerza de trabajo y el poseedor del dinero se enfrentan en el mercado y contratan de igual a igual como poseedores de mercancías, sin más distinción ni diferencia que la de que uno es comprador y el otro vendedor: ambos son, por tanto, personas jurídicamente iguales ... El mercado del trabajo es el verdadero paraíso de los derechos del Hombre.» Karl Marx. El Capital. Editors, 2008.

17 Aristóteles. Política. Alianza Editorial, 2015.

18 Esta incorporación de formas de democracia directa a la representativa se designa por ciertos autores como *Democracia deliberativa,* y ha sido desarrollada por pensadores como Jürgen Habermas, en su conferencia Tres modelos de democracia. Ediciones Episteme, 1994.

19 Mario Bunje: Ética, ciencia y técnica. Editorial Sudamericana, 1996.

ÍNDICE